中華文化叢書

對聯年畫

沈鳳霞　符德民 ○編著

對聯，雅稱楹聯，俗稱對子；年畫則包括了門神、娃娃畫、戲曲畫等多種形式。二者都由古老的桃符演化而來，承載著人們禳災避禍、祈福迎祥的美好願望，在新春佳節、婚喪嫁娶、喬遷裝飾、壽辰及第等活動中起著重要作用。

崧燁文化

前　言

年年歲歲'畫'相似，歲歲年年'聯'不同。

在神州大地上，每逢過年，家家戶戶都少不了貼春聯門畫，相信不少朋友有動手貼春聯年畫的經歷。在張貼春聯年畫的過程中，是否思考過春聯年畫是怎麼來的？春聯和通常所講的對聯有什麼聯繫？春聯年畫的種類又有哪些……稍微留心一點，還會發現，每年的年畫，尤其是門神畫，內容幾乎沒有太大變化，文官武將壽星總是那幾位，而春聯內容則隨著十二生肖的輪回及社會的變化而變化。年畫的相對"靜止"和包括春聯在內的對聯的不斷變化，又寄託了中華兒女什麼樣的祈盼和願望呢？

對於傳統文化，知其所以然，才能更好地知其然，本書引經據典，從原始社會開始，逐步解析對聯年畫的起源和發展。民間傳說和《山海經》都有相關故事記載，東漢應劭的《風俗通義》說："《黃帝書》稱上古之時，兄弟二人，曰荼，曰鬱，住度朔山上桃樹下，簡百鬼，鬼妄入，援以葦索，執以食虎。於是，縣官以臘除夕，飾桃人垂葦索虎畫於門，效前事也。"古人在辭舊迎新之際，用桃木板（據說桃木有壓邪驅鬼的作用）分別寫上"神荼""鬱壘"二神的名字，或者用紙畫上二神的圖像，懸掛、嵌綴或者張貼於門首，意在祈福滅禍。這就是最早的桃符，也是對聯年畫的雛形。

探清源頭之後，本書將給讀者朋友展現對聯年畫的發展歷程。在宋代，桃符已經由紙張代替桃木板，稱之為"春聯"或者"春貼紙"了。王安石的《元日》曰"爆竹聲中一歲除，春風送暖入屠蘇。千門萬戶曈曈日，總把新桃換舊符。"詩人描繪了春風融融，春日曈曈，千家萬戶喜迎春節而競相燃放鞭炮，家人團聚，喜飲屠蘇酒，將門板上的舊桃符換成新桃符的喜慶祥和景象。這裡的桃符就是人們常說的對聯年畫。明代，對聯年畫由於受到朱元璋的推崇，因而得到了長足的發展。清代，對聯藝術達到頂峰。由春聯演變而來的對聯，在此時期顯得尤為豐富。新中國的成立，為對聯年畫發展提供了良好的契機。對聯年畫具有豐富的文化內涵，正如民間藝人所言："畫中要有戲，百看才不膩；出口要吉利，才能合人意；人品要俊秀、能得人歡喜。"本書分門別類總結了對聯年畫的種類及其特色、鑒賞它們的基本方法，還專門安排了簡易的對聯年畫創作內容，從而激發大家學習對聯年畫這一傳統文化的熱情。

　　對聯本乃漢族文化，也影響到少數民族、海外華人華僑以及外國朋友，年畫也是如此。本書深入挖掘，努力展示出對聯年畫對除了國內漢族以外人群的影響，豐富了相關知識內容。

　　對聯年畫自誕生後，從中國深厚的詩歌沃土中汲取營養，像一枝獨放異彩的奇葩代代相傳，保持著自己鮮明的特色。筆者借此編《對聯年畫》與廣大青年朋友共勉，為繼承發展中國傳統文化一道努力，並將其推向更遠方。

　　由於時間倉促，不免有紕漏之處，懇請讀者朋友多指正！

目　錄

上篇　璀璨千年的國之瑰寶——對聯

第一編　源遠流長的對聯文明.................. 3
　一、千年不朽的對聯藝術 4
　二、先秦到魏晉——對聯的萌芽 7
　三、南北朝至隋唐五代——對聯的形成 10
　四、宋元時期——對聯的發展 13
　五、明清時期——對聯的繁榮 16
　六、清末民國——對聯的轉型 21
　七、新中國時期——對聯的振興 25

第二編　妙用各奇的中華儷言.................. 29
　一、對聯的分類 30
　二、年味十足的春聯 38
　三、渲染氣氛的節日聯 43
　四、錦上添花的喜慶聯 49
　五、獻福增壽的壽聯 54
　六、寄託哀思的挽聯 59
　七、經久不衰的裝飾聯 64
　八、特色突出的行業聯 69

九、筆底生花的文苑聯 74
十、妙趣橫生的雜聯 79

第三編　對聯賞析 85
一、對聯術語解析 86
二、對聯特點 89
三、豐富多樣的修辭手法 94
四、精妙絕倫的煉字技巧 100
五、獨到深入的賞析方法 107

第四編　魅力四射的對聯萬象 111
一、少數民族對聯 112
二、枝葉茂盛的海外對聯 119

下篇　筆墨丹青的傳世之作——年畫

第五編　探尋年畫的歷史足跡 125
一、先秦至漢唐，從"桃符"中走來 126
二、大宋，年畫正式誕生 129
三、遼金元明，年畫茁壯成長 133
四、清朝，年畫走向繁榮 137
五、清末民國，年畫題材轉變 142
六、當代，年畫重煥青春 146
七、國內外受熱捧，收藏年畫有"潛"景 150

第六編　年畫的豐富內涵..................153
　　一、獨一無二，自有特點 154
　　二、類別雖異，祈望相同 159
　　三、表現形式，不拘一格 163
　　四、題材豐富，寓意祥瑞 166
　　五、或比或擬，修辭靈活 170

第七編　各具特色的地方年畫..................171
　　一、素有古樸之風的河南年畫 172
　　二、絢爛多姿的天津楊柳青年畫 177
　　三、從繡像圖演變而來的蘇州桃花塢年畫 181
　　四、富有裝飾效果的山東年畫 185
　　五、有"萬年紅"美譽的廣州佛山年畫 189
　　六、以彩繪見長的四川綿竹年畫 192
　　七、信仰與民俗結合的雲南紙馬年畫 196
　　八、"農民藝術"——河北武強年畫 199

第八編　年畫繪製工藝與張貼..................203
　　一、繪製傳統年畫的材料與工具 204
　　二、創作傳統年畫的技巧 209
　　三、製作傳統年畫的方法步驟 214
　　四、貼、掛好年畫，過吉祥年 219

上篇

璀璨千年的國之瑰寶——對聯

第一編　源遠流長的對聯文明

　　對聯，雅稱"楹聯"，俗稱"對子"，是寫在紙、布上或刻在竹子、木頭、柱子、石頭等物品上的對偶語句，言簡意賅、對仗工整、平仄協調，是一種特殊形式的詩詞、是一字一音的漢語語言獨特的藝術形式。它在人們的紅白喜事 節慶等活動中扮演著重要角色，是婦孺皆知、雅俗共賞的文學藝術。

一、千年不朽的對聯藝術

拐一年搖一年緣分啊

吃一塹長一智謝謝啊

　　看到這副幽默的對聯，你是否想起在 2005 年春晚上令人捧腹大笑的"忽悠系列"小品之《功夫》？本山大叔拿出看家的本領，卻既沒將對象忽悠瘸了，也沒忽悠蔫了，反而被"自學成才"的范師傅識破機關，贈以對聯，詼諧地終結了該系列小品。反觀歷年的春節晚會，無論是語言類的節目，還是主持人的臺詞，都離不開朗朗上口的對聯。據統計，僅 2013 年春晚使用的對聯就多達 160 餘副。

　　如前言所說，人們對桃符的信仰，為對聯的誕生奠定了群眾基礎，使之有了生根發芽的土壤。清代《燕京歲時記》上說："春聯者，即桃符也。"中國人認為桃木有驅鬼除邪的神奇力量，《典術》說桃是"五行之精"。據《山海經》記載，在很久很久以前，鬼城中有座山，成百上千隻鬼在此出沒，山上有一株大桃樹，枝葉能夠覆蓋方圓三千多里。每天，外出作惡的凶鬼聽到臥在那棵桃樹梢的一隻金雞打鳴，都要趕回城內。神荼、郁壘兩兄弟神通廣大，善於降妖除怪。他們勸誡惡鬼從善，嚴格限制鬼的活動，但總有不守規矩的鬼。於是，

神荼、鬱壘

二人每年歲尾站在桃樹下檢查眾鬼，一旦發現有害人之鬼，就用一種特殊的"芒葦繩"將其捆起來，使之無法掙脫，然後餵給專吃惡鬼的神虎，為民除害。但是就算神荼和鬱壘想除盡天下惡鬼也心有餘而力不足，難保每家每戶都平安。於是黃帝向全國頒佈：家家戶戶都要用桃木刻神荼、鬱壘像，在除夕那天將刻像和葦索分別懸掛於門前和門上端，同時門上還要畫一隻虎，用來抵禦鬼怪的侵擾。

眾所周知，對稱及平衡是古人美學觀點中的重心。考古發現，早在新石器時代，人們在創造文字時就注重這一審美觀。從半坡遺址出土的陶器上看，其上刻畫的符號也經常呈左右對稱。八卦是我國極為規則的、非常講究對稱的刻畫符號。《詩經》《楚辭》《老子》《論語》等著作中，也運用了諸多對偶的句子。如《召南·行露》"誰謂雀無角，何以穿我屋？誰謂女無家，何以速我獄？"中"角"和"家"，"屋"與"獄"都對稱地出現在詩文中。但此時，人們並沒有刻意地在形式上去雕琢語句。

西晉時期出現了合律講究的對句，為對聯提供了格式前提。南北朝的沈約提出"四聲八病"的主張之後，對詩歌創作有了格律要求並越趨嚴密精細，經精雕細琢的律詩開始用上"對仗"一詞。在格律詩形成的同時，詞已萌芽、發展，自然而然地引進了格律，向著長短句發展，為對聯的語言風格奠定了基礎。

到了唐朝，掛桃符的習慣仍然在延續。白居易《白禮六帖》："正月一日，造桃符著戶，名仙木，百鬼所畏。"此時桃符的內容和形式都有了較大的變化，當時詩歌盛行並達到了藝術的高峰，對聯在內容上也受到了唐詩的影響，散文對聯一般不拘平仄，不避重字，不過分強調詞性，不講究對仗，於形式上被排斥在外。有了前人的文學語言基礎和聲律的確定，對聯從唐詩中獨立成體。唐代經濟文化對外交流活躍，國內的科技、文化等都在此時期傳到日本等國，自然也包括對聯。

步入五代，春聯較為流行。在民間，人們嫌刻木人麻煩，就直接在桃木板上畫兩個神像，題上"神荼""鬱壘"二神的名字，於除夕下午懸掛、嵌綴或者張貼於門兩旁，意在祈福滅禍。《後漢書·禮儀志》曾經描繪了當時桃符的樣子："長六寸，寬三寸，桃木板上書'神荼''鬱壘'二神。"西元964年，後蜀君主孟昶"每歲除，命學士為詞，題桃符，置寢門左右"（《宋史·蜀世家》）以賀歲。孟昶對學士章遜所題之詞不滿意，故揮毫在寢宮門板桃符上書寫了"新年納余慶，嘉節號長春"的句子。孟昶的題詞改變了傳統桃符的內容與性質，使桃符由原來驅鬼的桃木牌變為表達某種思想的特殊文體——聯語。從此，人們用聯語代替了"神荼"和"鬱壘"的名字，更多時候，在上面寫上一些吉利的詞句，表達辟邪求福的願望。

　　北宋時期，民間除夕懸掛春聯的習俗已經相當普遍，時興的詩詞曲都給對聯以極大的影響。宋詞的創作格律已經十分精熟，詞牌陡增，題材面擴展，表現方式豐富多樣。詞到盛時，曲已興起，造語選詞較貼近民眾，受之影響的對聯，自然為老百姓所接受。

　　元朝的人們開始用紅紙代替桃木板，出現了現代常見的春聯。當時，出身貧寒的明太祖朱元璋大力提倡對聯，促使了把"題桃符"變成張貼春聯的民間習俗。

　　入清以後，乾隆、嘉慶、道光時期，對聯猶如盛唐的律詩一樣曾鼎盛一時，出現了不少膾炙人口的名聯佳對。

　　民國時期，對聯開始轉型。抗戰時期，對聯為革命宣傳工作做出了巨大的貢獻。新中國成立後，對聯如雨後春筍，內容上也發生了巨大轉變，為對聯的發展增添了新的活力。

　　說起對聯的起源，從先秦算起，大約有三千年的歷史。對聯的發展有曲折，也有繁榮，它不斷吸收詩、詞、曲、賦、謎、諺、俚、俗語等文學體裁的營養而成長起來並最終能夠流傳至今，證明其有著獨特的魅力和強大的生命力，並成了中國民族文化的瑰寶。作為後人，要不斷充分吸收對聯中的"活力素"，責無旁貸地將其傳承和發揚光大。

二、先秦到魏晉——對聯的萌芽

先秦時期生產力尚不先進,人們對自然的認識非常有限,但是長時間的知識積累為對聯的萌芽打下了堅實的基礎,主要表現在以下幾個方面:

首先,對聯源於古老的神話傳說。在古代,由於科學技術不發達,人們對打雷、颱風、閃電等自然現象無法理解,認為是某種神秘的力量在對他們的言行進行懲罰。因此,為了驅魔避邪,人們就在桃木板上畫些圖案,稱為"桃符"。當時,在沒有正式文字的情況下,神話中將"神荼"和"鬱壘"二神的像製成桃符掛在門的兩旁用以辟邪,可以看作是最原始的象形文字的對仗,也是對聯的雛形了。

"楹聯始于桃符"這一論斷,由於出自清代大學者紀曉嵐之口,他的弟子梁章鉅又大力支持和宣揚,使得這一論點盛行幾百年而不衰,時至今日,此論點仍處於統治地位。雖然也有不少學者提出異議,但桃符出現在《山海經》裡,可見對聯歷史淵源之久遠及與神話故事聯繫之密切。

其次,對聯的內容蘊含著中國古代尤其是先秦思想家對自然現象、社會生活的認識及從中概括出的哲學思想。上古有三大奇書:《黃帝內經》《易經》《山海經》。《易經》相傳為周人所作,亦稱《周易》《易》,是中國最古老的文獻之一,並被儒家尊為"五經"之首。《周易》從千變萬化、紛紜複雜的自然現象和社會現象中抽象概括出"陰""陽"兩個基本範疇,陰代表坤、地、女、婦、子、臣、腹、下、北、風、水、澤、花、黑白、柔順等;與此相對應,陽則代表乾、天、男、父、君、首、上、南、雷、火、山、果、赤黃、剛健等。其認為世界上的萬事萬物都受陰陽總規律的制約,從而使"陰、陽"成為《周易》中最基本、最核心、最重要的觀念。這種無所不在的陰陽觀念,成為一種民族的集體意識。而陰陽觀念表現在民族心理上的重要特徵，就是事物常以"兩""對"的形式特徵出現。

對聯屬於對仗的文學，這種語言文字的平行對稱，與哲學中的"太極生兩儀"，即把世界萬事萬物分為相互對稱的陰陽兩極，在思維本質上極為相似。南朝文學理論批評家劉勰在《文心雕龍·麗辭》中說："造化賦形，支體必雙，神理為用，事不孤立。夫心生文辭，運裁百慮，高下相須，自然成對。"他還以人體為例，指出如耳、目、手、足之類，都是"自然成對"的。古代思想家正是在利用自然、改造自然的社會實踐中，逐步認識到對仗的規律的。

因此，中國對聯的哲學淵源及深層民族文化心理，就是陰陽二元論，是古代中國人世界觀的基礎。以陰陽二元觀念去把握事物，是古代中國人的思維方法。

最後，古人創造的辭賦是對聯生命的重要載體。人們在生產生活中，在樸素的對稱美學觀念的影響下，無意識地創造了對稱性的語言。文字產生以後，文人們將這些語言、思想記錄下來，就產生了對稱性的文句，即為偶文。

上古時期的《吳越春秋》中載有一首傳為黃帝所作的《彈歌》：

　　斷竹，續竹；

　　飛土，逐宍。

"宍"，即古時的"肉"字。歌謠的意思是，割斷竹子，連接成弓，裝上泥土，飛射禽獸，獵取肉食。歌謠兩言一句，音節短促，節奏感很強，可能是制彈弓時所唱，也可能是用彈弓狩獵時所唱，非常古樸敦厚，反映了當時人類的生活。用現代漢語語法分析，四個短句都是動賓結構，詞性相當，雖然不是對聯，但其對偶的修辭法與現在的對聯是一致的。

先秦以前，人們使用對偶句還處於自然美的階段，而到了漢代以後，這種修辭手法已經成為作家刻意追求的自覺行為，也比前期趨於工整嚴謹。如《木蘭詩》中有"朔氣傳金柝，寒光照鐵衣。將軍百戰死，壯士十年歸"的偶句。總結起來，這一時期辭賦有以下四個特點：一是語句上以四、六字句為主，並追求駢偶；二是語音上要求聲律諧協；三是文辭上講究藻飾和用典；四是內容上側重於寫景，借景抒情。正如朱光潛先生所言："意義的排偶較早起，聲音的對仗是從它推演出來的。"

漢賦是一種有韻的散文，排偶和藻飾是其一大特徵——對偶句的大量使用，為對聯的出現奠定了形式基礎。這一時期出現了不少辭賦的傑出人物，如司馬相如、賈誼、班固、張衡等。在這裡特別要提到的是東漢文學家孔融，他是目前所知最早單獨使用對偶的人。據《後漢書·孔融傳》載，孔融好士，善文章。時其家賓客盈座。孔融喜曰："座上客恆滿，樽中酒不空，吾無憂矣。"這是我國第一次出現的單獨的對偶句，是當時詩歌駢偶化的表現，而不是確切意義上的對聯。

孔融

　　駢文起源于漢末，形成于魏晉，盛行於南北朝。其以四字六字相間定句，世稱"四六文"。全篇以雙句（儷句、偶句）為主，講究對仗的工整和聲律的鏗鏘。駢文由於遷就句式，堆砌辭藻，往往影響內容表達。韓愈、柳宗元提倡古文運動之後，駢文漸衰。駢文的偶句及講究用詞影響了日後出現的對聯。

三、南北朝至隋唐五代——對聯的形成

　　從南北朝到隋唐五代，是律詩走向鼎盛的階段，也是形成對聯的標誌性時期。律偶，格律詩中的對偶句。格律詩，又稱近體詩，雖在魏晉時就出現萌芽，但正式形成于唐代。

　　魏晉時，律詩就在一些書籍中出現，如李登《聲類》和呂靜《韻集》，分出清、濁音和宮、商、角、徵、羽諸聲。另外，孫炎首用反切注音，作《爾雅音義》。但魏晉之際，只以宮、商之類分韻，還沒有四聲之名，故不能算是真正意義上的律詩體。

　　南北朝時，由於受佛經"轉讀"的啟發和影響，人們撰作聲譜，借轉讀佛經聲調，應用于中國詩文，遂成平、上、去、入四聲。其間，周顒作《四聲切韻》，沈約作《四聲譜》，創"四聲""八病"之說，並根據詩歌節奏感和音樂美的特點，經過創作實踐，總結出詩歌創作"五字之中，音韻悉異，兩句之內，角徵不同"的原則。於是，詩文的韻律日益嚴格，對偶句的格律由駢偶發展成為律偶。從齊梁"四聲""八病"說盛行之後，再把四聲二元化，分為平（平聲）、仄（上、去、入聲）兩大類。有了平仄的概念，又逐步總結出每句詩的平仄應有變化，詩句與詩句之間的平仄也應有變化的"調平仄術"和聯結律詩的"粘法"；同時，又發現每句詩用五、七字比用四、六字更富有音樂美，節奏也更加富有變化。在一首詩中，駢偶句與散體句並用，能夠顯示出語言的錯落美。

　　就這樣，從齊梁時略帶格律的"新體詩"，經過不斷演化，律詩最終成形。雖然有了聲譜律詩條件，但是對聯創作從南北朝一直到隋唐，始終未成大氣候，只是斷斷續續，偶有出現。

到了唐代，律詩達到了對仗精確工整，聲律平仄成熟的階段，成為唐詩的主要形式之一。一般的五、七言律詩，八句成章，律詩第一、二句叫首聯，第三、四句叫頷聯，第五、六句叫頸聯，第七、八句叫尾聯，句式、平仄、意思都要求相對。除五、七言律詩外，唐詩中還有三韻小律、六律和排律（即超過十句的律詩），中間各聯也都對仗。

賦、駢文、詩的成熟和發展，特別是律詩的成熟，為對聯的產生鋪平了道路，可以說是駢文、律詩成就了對聯。繁榮的唐朝為對聯的誕生提供了條件，除了律詩以外，還有聯

杜甫登高

句、摘句、書壁、酒令等形式，也促進了對聯的產生，因此唐朝被多數人認為是對聯的誕生時代。

在許多文獻中可以找到對聯誕生在唐朝的證據，如敦煌莫高窟藏經洞出土的文獻，斯坦因第 610 卷的背面保存著一些聯語，如：

三陽始布
四序初開

又如：

寶雞能僻惡
瑞燕解呈祥
……

這些句子用語樸實，表現出對聯祈福禳災的實用特性，並帶有集體創作的色彩。

還有人發現唐太宗的書聯：

文章千古事
社稷一戎衣

唐朝文人飲酒，會行酒令，這些酒令基本上是今天所說的對聯。《蔡寬夫詩話》記載了唐人酒席間飲酒對令的情況："唐人飲酒，必為令以佐歡。嘗有人舉令云：'馬援以馬革裹屍，死而後已。'答者乃云'李耳指李樹為姓，

生而知之。"

至晚唐時期，對聯已在文人中間流行起來。計有功《唐詩紀事》卷五十四"溫庭筠"條："李義山謂曰：'近得一聯句雲：遠比趙公，三十六軍宰輔。未得偶句。'溫曰：'何不雲，近同郭令，二十四考中書。'"這一口頭對答，已是很成熟的對聯了。後代試才鬥智的對聯即濫觴於此。

近幾年，發現了二十多副唐聯，其中《霞浦縣誌》和《福鼎縣誌》上記錄了三副唐代的堂室對聯：

　　大丈夫不食唾余　　時把海濤清肺腑
　　士君子豈依籬下　　敢將台閣占山巔（林嵩題）

　　竹籬疏見浦
　　茅屋漏通星（陳蓬題）

　　石頭磊落高低結
　　竹戶玲瓏左右開（陳蓬題）

至於釋文瑩所撰《玉壺野史》稱，後唐進士范質曾題白扇：

　　大暑去酷吏
　　清風來故人

將暑熱比作"酷吏"，涼風喻為"故人"，既別致又貼切，耐人尋味。

以上所列唐聯，有些雖然還存有疑問，但唐聯的存在已成不爭的事實，為對聯產生于唐代說提供了有力的佐證。

從原始社會石器陶器上的對稱符號發展為古詩體，到辭賦，再到駢文，爾後出現律詩，歷經幾千年的演變，對偶句到盛唐已發展至盡善盡美的程度，從中衍生一種新的文學形式是水到渠成的事情。如果把對聯比喻成孕育在詩文母體中的胎兒，那麼此時的胎兒已是完全發育成熟，呱呱墜地了。

四、宋元時期——對聯的發展

宋元兩代，對聯在民間有了群眾基礎，開始廣泛流行，其應用範圍、內容種類及形式都得到較大擴展。

宋代，春節貼對聯已經成為一種風俗。但是，"對聯"一詞還未出現，仍叫"桃符"。北宋文學家王安石的《元日》"爆竹聲中一歲除，春風送暖入屠蘇。千門萬戶曈曈日，總把新桃換舊符"就說明了這一點。

有足夠的資料表明，對聯作為點綴生活環境的藝術作品，在宋代已為文人學士們所接受和喜愛，並且形成一種題聯的風氣。北宋的蘇軾和南宋的朱熹都是很喜歡題聯的，據載，蘇軾在黃州，除夕訪友，在友人門上題聯云："門大要容千騎入，堂深不覺百男歡。"至今民間仍有蘇軾對對聯的故事在流傳。蘇軾的妹妹蘇小妹，從小習讀詩文，精通經理，是個有才識的女子。蘇東坡有許多和尚朋友，在眾多的和尚朋友中，佛印是關係最密切的一位。一次蘇東坡和佛印和尚在林中打坐，日移竹影，一片寂然。許久，佛印對蘇東坡說："觀君坐姿　酷似佛祖。"蘇東坡看到佛印的褐色袈裟透迄在地，對佛印說："上人坐姿　活像一堆牛糞。"佛印微笑而已。

蘇東坡暗暗得意，回家後禁不住悄悄告訴蘇小妹，想不到蘇小妹卻說："哥你輸了，試想佛印以佛心看你似佛，而你又是以什麼樣的心情來看佛印呢？"

《朱子全集》所載朱熹題寫的對聯也不少，如"日月兩輪天地眼　詩書萬卷聖賢心"，反映了朱熹的哲學見解。梁章鉅《楹聯叢話·自序》載："……蘇文忠（蘇軾），真文忠（真德秀）及朱文公（朱熹）撰語，尚有存者，則大賢無不措意於此矣。"除以上提到的三人之外，更有王安石、黃庭堅、張先、陸游、李清照、文天祥等，都曾在這一創作領域一展才華，正所謂"大賢無不措意於此"。由於受到文人巨匠的追捧，對聯在文學上的地位不斷上升。

宋代一些文人通過題聯來表達自己的志向和感情；有的則裝飾自己的廳堂，以示自己的高雅風範；有的則題寫在書院表達志向；還有的題到寺廟、園林內外，以烘托建築物的氣氛……於是逐步出現了勝跡聯、壽聯、挽聯、燈聯、書齋聯、書院聯等。

受中原文化影響，當時塞外的遼國人也學會了對聯。據岳珂的《程史》記載，宋神宗熙寧年間，遼國使臣至宋，蘇軾奉詔接待遼國使者。遼國使節知道蘇軾是大宋的著名文人，便有意為難他。兩人見面寒暄後，遼國使臣便用遼國流傳的一句話作為上聯求對，說："三光日月星"。而蘇即不假思索對曰："四詩風雅頌"。遼國使臣聽罷點頭，又問："還可以有其他對句嗎？"蘇軾一連又作了兩個對句，雲："四德元亨利""一陣風雷雨"。遼國使臣聽後，驚訝不已，佩服蘇軾的才華橫溢。

元代統治者雖入主中原，卻不熟悉甚至有些輕視漢族知識和中國傳統文化，因此文學發展受到限制，最大的成就是元曲的發展，但他們對對聯表現出了興趣。

據明人戴冠《濯纓亭筆記》載，元世祖忽必烈很欣賞趙宋宗室趙孟頫的才藝，經程鉅夫推薦，元世祖召見他，見他氣宇軒昂，很是敬佩，即命他書殿上春聯。趙孟頫潑墨即書"九天閶闔開宮殿　萬國衣冠拜冕旒"。字跡蒼勁老成，很有皇家氣派。元世祖大喜，又命他書應門春聯。趙孟頫又書"日月光天德　山河壯帝居"。此為陳後主《入隋侍宴應詔》中的成句，後來成為京城仕宦人家常用的春聯，一直流傳到清代。

趙孟頫為元代對聯作者傑出代表，作品頗豐，如下列一副是應揚州迎月樓酒館主人之請而作：

　　春風閬苑三千客
　　明月揚州第一樓

語言流利，格調清新，頗能傳神。

關漢卿《竇娥冤》雜劇結尾"正名"用聯寫道：

　　湯風冒雪沒頭鬼
　　感天動地竇娥冤

這句聯語道出了竇娥有天大的冤枉。

元代的最高統治者雖然不排斥漢族人的對聯，但對於成吉思汗及其子孫們來說，對聯畢竟是漢文化，儘管沒有遭到統治者的唾棄，也有不少元代文人繼承了宋代撰寫楹聯的傳統，卻未能達到像前朝那樣的發展速度，所以流傳下來的對聯作品要比宋朝少。

宋詞元曲在我國文學史上佔有非常重要的地位。事實上，對聯受宋詞元曲影響比較大，字數格式發生了變化，由唐代的四言聯、五言聯、七言聯，演變成了長短句結合的多字聯。如泉州開元寺聯：

十二峰送青排闥　　自天寶以飛來
五百年逃墨歸儒　　跨開元之頂上

總體上來看，在整個宋元階段，不僅對聯的數目較前期有大量增加，有了一定的民間基礎，而且對聯的類別也增多，除春聯外，還廣泛出現了題贈聯、書院聯、名勝聯、喜慶聯、哀挽聯、諧音聯和燈聯等。對聯的語言運用和表現形式，不但保持了從律詩借鑒來的藝術特點，而且有所突破，吸收了詞、曲語言變化的優點，以長短句創作對聯，對聯的形式更加變化多姿了，為以後明、清對聯的繁榮奠定了基礎。

五、明清時期——對聯的繁榮

明清兩代，對聯又受到統治者的重視，逐步走向成熟。康熙到乾隆年間，達到全盛階段，攀上了文學的一個高峰。

對聯的繁榮與普及跟明太祖朱元璋的提倡有關係。朱元璋酷愛對聯，有"對聯天子"之譽，經常寫對聯贈予大臣，《金陵瑣事》載其贈中山王徐達聯就有兩副，其一為：

　　始余起兵於濠上　　先崇捧日之心
　　逮茲定鼎於江南　　遂作擎天之柱

《列朝詩集》也收錄他贈翰林學士陶安聯：

　　國朝謀略無雙士
　　翰苑文章第一家

這幾副對聯不僅氣魄很大，而且遣詞甚為工巧。在古時的中國，當權者往往一言九鼎，正所謂"上有所好，下必甚焉"，因此，當時的官吏文人學對聯、題寫對聯成為時尚。

據說"春聯"這個名稱，是由朱元璋首創的。他在除夕下旨，命城中各家均掛春聯一副，然後微服出訪，見一家屠戶門前未掛，詢問原因，主人說沒人題寫。他就提筆寫了一副：

　　雙手劈開生死路
　　一刀割斷是非根

這段故事在陳尚古的《簪雲樓雜說》有記載，並提到春聯一詞："春聯之設，自明太祖始。"

據史料記載，明太祖後的子孫，如明成祖朱棣、明武宗朱厚照、明世宗朱厚熜等，大都擅長和提倡對聯。因此，受皇帝愛好的驅使和強力推進，明代無論官宦文人還是民間百姓，創作對聯的熱情日趨高漲，蔚然成風。

1. 明代對聯發展的特點

第一，應用的範圍擴大，迅速向民間普及。此前，對聯是一種高雅的文學形式，到了明代，已走出王公貴族文人雅士的殿堂，向民間普及。除了過年，家家張貼春聯成俗之外，士庶人家，無論婚喪喜慶，居宅門庭，店鋪作坊，都要貼副對聯，來表達主人的生活情趣。值得一提的是，用對聯做廣告不是今人的創舉，在明代，一些初具資本主義性質的工廠就有用對聯做廣告宣傳的。一些普通百姓不但喜歡張貼對聯，而且能夠寫作對聯，甚至一些普通人家的小孩也能對對聯。對聯成為婦孺皆知的一種文學形式。

第二，形式趨向散文化，而且出現了百字以上的長聯。上文已經提到，受宋詞元曲的影響，對聯開始散文化，但這種對聯在宋元時期是比較少見的。到明代，散文化的對聯就多了起來。如朱元璋討伐張士誠，攻克蘇州，朱元璋出聯曰：

　　天上口　天下口　志在吞吳

劉基應聲對曰：

　　人中王　人邊王　意圖全任

兩人一對一答，創作出的對聯的句子就全似散文。

這時還出現了百字以上的長聯。如徐渭題紹興開元寺大殿的對聯長達140字，上聯云：

　　壇為祝釐之重　暫集衣冠劍佩　盡宜齋沐焚修　況前臨芹沼後倚花封　並稱高山仰止　念錫檀家搬柴運米　觸目皆證果圓機　切莫向糟丘畔時酣花鳥醍醐　看天堂立登　哭地獄枉設

下聯云：

　　寺當輻輳之塵　則凡濕化胎卵　未免屠沽覦會　若故殺養生因貪恣狡　便墜涅海無邊　今禪林輩暮鼓晨鐘　何下非醒人

木鐸　但能於枕頭上常見犛牛觳觫　許今朝入市　與昨日不同

該聯為後世長聯的發展開了先河。第三，文人開始將對聯收入文集，這對促進對聯寫作的發展起了重要作用。在宋元時期，文人認為寫對聯只是雕蟲小技，不將對聯收入文集之中。到明代，文人開始重視對聯，把對聯的寫作也看成文學創作，甚至將對聯收入其文集中，如徐渭《徐文長逸稿》卷之二十四就收有《榜聯》二十副。

　　第四，出現了收集和評論研究對聯的專著。明代開始有專門收集對聯的專著，有些還對對聯的優劣略加評論。例如赤心子輯《奇聯摭萃》、馮夢龍增補的《金聲巧聯》。

　　第五，對聯名人增多。最傑出的代表有朱元璋、楊慎、徐渭、董其昌等。

2. 清代對聯發展的特點

　　清朝康熙、乾隆等皇帝非常重視宮廷春聯。乾隆皇帝每次出遊都喜歡提筆作聯，僅北京故宮，懸掛他創作的對聯就有 120 多副。

　　清代對聯的繁榮既保留了明代的特徵，又有較大的發展，主要表現在以下幾個方面：

　　第一，皇帝親自提倡、創作、書寫對聯，公卿大臣、文人墨客爭相效仿。凡值大典慶成，皆有進禦文字。萬壽盛典，亦有繪圖一門，而附楹聯。民間實用對聯更加普遍，有事作對聯添氣氛，無事用以取樂。當時，對聯發展有好幾百種，其佳者，篆刻於勝地，錄載於書籍，流傳於民間。一些私塾還將對課（做對子）列入童蒙課程，對對聯的發展起到了推進作用。

　　第二，專門性的對聯書籍出版更多，理論水準也有所提高。清朝，對聯書籍如同雨後春筍，康熙禦定的《分類字錦》六十四卷，分借對、數目、干支、卦名、彩色等門類。

　　嘉慶間，有王有光的《吳下諺聯》，該書博采江浙一帶諺語，集成對聯，並加以注釋，亦莊亦諧，俗不傷雅。特別是梁章鉅父子，自 1840 年起，陸續出版了《楹聯叢話》《楹聯續話》等對聯專著，開創了聯話體例，確立了分類原則，保存、總結了許多珍貴的史料和創作成果，影響最為巨大。

第三，形式多樣，長聯日漸豐富，且越寫越長，越寫越巧。就句式說，有詩句，有散句；就篇幅說，有短篇、有長篇。如號稱"古今第一長聯""海內第一長聯"的昆明大觀樓聯，為孫髯所題，長達180字。聯云：

　　五百里滇池　奔來眼底　披襟岸幘　喜茫茫空闊無邊　看東驤神駿　西翥靈儀　北走蜿蜒　南翔縞素　高人韻士　何妨選勝登臨　趁蟹嶼螺洲　梳裹就風鬟霧鬢　更蘋天葦地　點綴些翠羽丹霞　莫辜負四圍香稻　萬頃晴沙　九夏芙蓉　三春楊柳

　　數千年往事　注到心頭　把酒淩虛　歎滾滾英雄誰在　想漢習樓船　唐標鐵柱　宋揮玉斧　元跨革囊　偉烈豐功　費盡移山心力　盡珠簾畫棟　卷不及暮雨朝雲　便斷碣殘碑　都付與蒼煙落照　只贏得幾杵疏鐘　半江漁火　兩行秋雁　一枕清霜

而鐘雲舫的擬題江津臨江城樓長聯，竟長達1612字，儼然就是一篇洋洋灑灑的文章。

第四，聯家輩出，一大批政治家、文學家、書畫家鍾情於對聯創作和題寫，

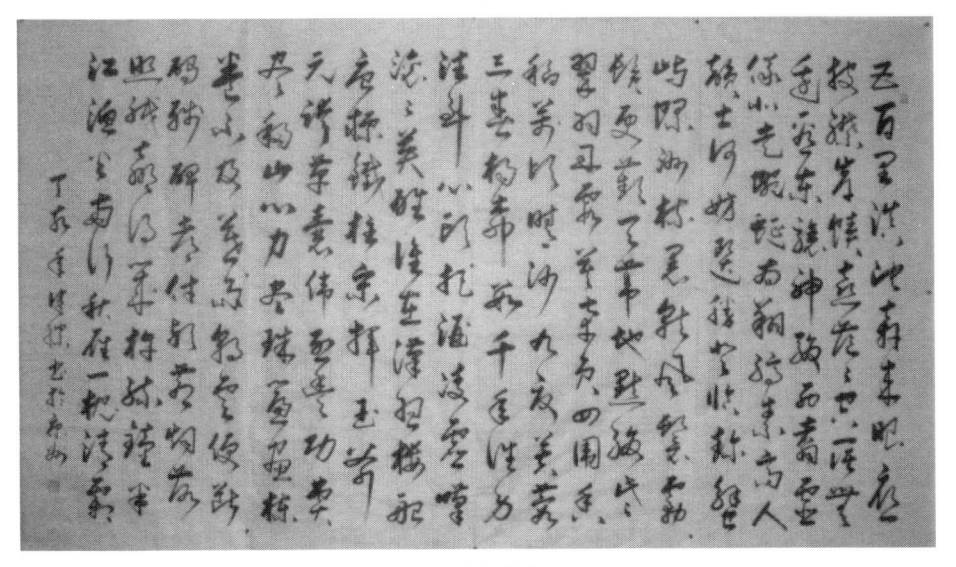

昆明大觀樓聯

愛好者就更多了。這一時期中國對聯史上人才薈萃，對中國歷史文化有影響的人物，幾乎在對聯創作上都有所建樹。徐渭、董其昌、鄭板橋、袁枚、孫髯、劉墉、紀曉嵐、林則徐、鄧廷楨、魏源、吳熙載、何紹基、曾國藩、左宗棠、李鴻章、張之洞、嚴複、徐世昌、康有為、梁啟超、譚嗣同等，都是名盛一時的楹聯大家。

第五，這一時期對聯和書法全面結合，對聯成為綜合藝術。上述楹聯大家中有很多就是著名的書法家。對聯作品是意蘊美與書法美臻於化境的結合，極大地提高了對聯的審美品位。

第六，民間文人、對聯愛好者的結社，推動了對聯的繁榮，清朝尤其盛行。

第七，作家往往用對聯概括章回小說內容。如《紅樓夢》《花月痕》等小說中撰有大量對聯，《花月痕》恐怕是古今小說中出現對聯最多的了。

綜上，在明清時代，由於融會了詩、詞、曲、賦的各種句式以及駢散並用、文白齊行，對聯語體不斷多樣化，長聯不斷出現。對聯不僅可以寫景、抒情，而且可以敘事、議論；不僅可以用來諧謔，而且可以用來諷刺，它的內容與功能大大擴大，其表現力已達到了一個空前的高度，藝術達到了爐火純青的程度。

六、清末民國——對聯的轉型

1840 年鴉片戰爭以後，中國社會進入非常時期，各行業發生巨變，對聯的題材內容及表達也有巨大變化。一般士人多有憂國之思，所以常用對聯這種形式揭露政治腐敗，抨擊外國列強侵華的野心與暴行，表彰抗敵忠烈，抒發改制圖強決心等，使得對聯和政治鬥爭有了更加密切的關係。

1841 年 2 月，在鴉片戰爭日漸激烈的情況下，廣東水師提督關天培堅守虎門炮臺，孤軍奮戰，最後因琦善等投降派頭子故意不發援兵，被槍彈擊中，英勇殉國。林則徐為關天培寫的挽聯表達了當時中國人民的情感，在鴉片戰爭時期獨具代表性：

六載固金湯　問何人忽壞長城
孤注空教躬盡瘁
雙忠同坎壈聞　異類亦欽偉節
歸魂相送面如生

該聯上聯抨擊投降派破壞抗敵，致使英雄無謂犧牲；下聯則著重褒揚烈士感天動地的氣節，聯中字字都蘊含著作者的悲憤情緒。

清末政府的腐敗，引起了全國人民的不滿，大官小吏成了人民諷刺的對象。有聯云：

關天培祠堂前林則徐撰寫的挽聯

相國合肥天下瘦　司農常熟世間荒。

上聯"相國"指李鴻章，為安徽合肥人，因其媚外賣國，故有"天下瘦"之說。下聯"司農"指光緒師傅翁同龢，翁系江蘇常熟人，曾任戶部尚書掌管土地、賦稅等，他在政治上反對李鴻章賣國，後來也贊成康有為變法，但他任戶部尚書時，災荒不斷，自然也就成了群眾批評的物件了。

說到清末，不得不提一提晚清文人士大夫間曾盛極一時的詩鐘了。詩鐘是一種楹聯遊戲，其做法是定出聯句要求，然後把一枚銅錢系線上上，線上再連一炷新點的香火，香火燒斷線繩，銅錢落在事先放好的銅盤上，發出鐘鳴之聲，此時需按要求作成對聯，因此叫作"詩鐘"。詩鐘吟成，再作為核心聯句各補綴成一首律詩，遊戲結束。

詩鐘要求比一般對聯格律更工整，內容更含蓄，甚至類似謎語。詩鐘有兩種主要形式，一是按要求嵌字詩鐘。如題出《紅樓夢》"白髮"，得"應號怡紅公子傳，已非慘綠少年時"聯。因《紅樓夢》主人公賈寶玉自號"怡紅公子"，故有上聯；第二種形式叫"分詠"，即通過兩聯表現兩事或兩物。分詠兩事或兩物越是不倫不類越有意味，常被視為分詠正格。晚清政治腐敗，因此文人分詠題有出"天子與獸""官與狗""科舉與溺器"者，藉以嬉笑怒罵，發洩其憤懣不滿。

太平天國起義軍首領們也擅長對聯，更將對聯作為號召人民反帝反清的武器，留給我們許多珍貴的聯語。如石達開早年的言志聯：

忍令上國衣冠　淪于夷狄
相率中原豪傑　還我河山

洪秀全的天王府，位於南京長江路292號，原為清代兩江總督衙門，1853年太平天國建都於此。其龍鳳殿又有一聯云：

虎賁三千　直掃幽燕之地
龍飛九五　重開堯舜之天

1911年辛亥革命爆發，後建立中華民國。這一時期的對聯有較強的革命性，是近代對聯創作史上的一次高潮。它主要由三類對聯組成：一是慶祝武昌起義成功和成立南京革命臨時政府的會場聯與節日（元旦）聯；二是辛亥革命領導人物孫中山、黃興、蔡鍔及辛亥志士的作品，具有政治號召力和藝術感召力；三是哀悼辛亥期間犧牲、逝世的革命同志的挽聯，如挽黃興、蔡鍔、秋瑾等的作品。此外，諷刺對聯也有相當數量。

辛亥革命以後，尤其是五四愛國運動以後，在近一百年的革命鬥爭中，對聯是文化活動的一翼，人民群眾以它為武器，宣傳正義，鞭笞腐敗，表彰先進，批評落後，在革命和建設中發揮了獨特的作用。

五四運動以後，對聯用白話表達的趨勢明顯，因此，書面白話聯的數量不斷增多，這和"廢文言，興白話"的時代風尚變化是一致的，下面這副"慶翻身"的村聯就是用白話作成的：

民團跑，地主跑，土豪跑，劣紳跑，跑！跑！跑！跑垮反動派！

工人來，農民來，士兵來，幹部來，來！來！來！來建新政權！

此聯感情熱烈，氣勢豪邁，語句流暢，節奏感強，修辭巧妙，確是一副佳作。

這一時期對聯最突出的特點還有配合社會革命，具有了更為豐富的社會內容。其間每個重要時期都有代表性的對聯出現。如五四運動時的對聯：

賣國求榮　早知曹瞞遺種碑無字

傾心媚外　不期章惇餘孽死有頭

這副對聯運用典故，揭露"國賊"嘴臉，表達了五四時期全國人民的心聲。上聯"曹瞞遺種"指曹汝霖，《三國演義》中的曹操，小名曹瞞，是個白臉奸臣；"碑無字"原指不學無術，此處指其賣國之行。曹汝霖當時是交通總長，親日派，曾參加與日本談判、簽訂"二十一條"。下聯指章宗祥，當時為駐日公使，曾與曹汝霖等勾結日本搞賣國求榮活動。"章惇"是北宋奸臣。

辛亥革命以後至抗日戰爭之前，中國經常發生軍閥混戰，軍閥互相爭權奪利，置人民於水深火熱之中。1923 年，直系軍閥頭子曹錕趕走了總統黎元洪，自己想當總統，於是給每個參加選舉的議員開五千大洋支票一張進行"賄選"，當上了"總統"。當時，章太炎寫了一副絕妙佳聯加以諷刺：

民猶是也　國猶是也　何分南北

總而言之　統而言之　不是東西

聯中巧妙地嵌進"民國總統"四字，並痛罵其"不是東西"，是當時有名的一副對聯。

土地革命戰爭時期，毛澤東創立井岡山革命根據地。1930 年蔣介石發動第一次"圍剿"。毛澤東給反"圍剿"誓師大會題聯云：

　　敵進我退　敵駐我擾　敵疲我打　敵退我追　遊擊戰裡操勝算

　　大步進退　誘敵深入　集中兵力　各個擊破　運動戰中殲敵人

毛澤東同志用白話的方式寫了這一聯，淺顯地闡明了當時對敵作戰的戰略戰術。

抗戰勝利後，全國人民歡欣鼓舞。經過多年戰亂，人民希望過和平安定的日子，但以蔣介石為代表的國民黨反動派卻倒行逆施，假和談，真內戰，弄得民不聊生，引起了廣大人民群眾的不滿。1947 年，孫卓題長聯於雲南巍山古樓質問國民黨當局，通俗易懂，云：

　　制憲剛月滿　政治待澄清　看市場物價　加後再漲　漲後再加　愈加愈漲　愈漲愈加　試問漲上何種程度　加上何種程度　小公務員叫苦連天　我真不解

　　勝利已年余　和平難實現　觀國內形勢　談了又打　打了又談　邊談邊打　邊打邊談　究竟談到什麼時候　打到什麼時候　眾老百姓流離失所　誰與擔心

1949 年 4 月 1 日，南京學生舉行"反饑餓，反內戰，反對假和平，要求真和平"的示威遊行，遭到國民黨特務和員警的血腥鎮壓，製造了震驚全國的南京"四一事件"。南京中央大學大禮堂舉行了死難學生追悼大會，會場掛滿挽聯，其中有一副無字聯，特別引人注目：

　　？　？？　？？？
　　！　！！　！！！
　　？　　？？　　？？？
　　！　　！！　　！！！

此聯無字，寓意卻十分鮮明，它表達了作者和廣大人民群眾對國民黨倒行逆施的強烈憤恨。

總結起來，清末到民國這段時間，對聯一方面緊密聯繫社會實際，另一方面開始用白話創作，從而更加通俗，更加"親民"。越來越通俗的對聯，大量湧現在革命的前沿和後方，對揭露敵人，鼓舞鬥爭起了巨大的作用，是對當時歷史狀況的真實記錄。

七、新中國時期——對聯的振興

新中國成立後,國內形勢逐漸走上正軌,對聯也隨之繁榮發展。儘管曾遭到"文化大革命"的破壞,但經中央政府及時撥亂反正,並沒有傷筋動骨,而後又開啟了繁榮的新局面。

1. 建國初期對聯的發展

1949 年中華人民共和國成立,全國人民無不歡欣鼓舞,神州大地出現了欣欣向榮的局面,中國當代文學史從此開始。對聯的發展與時代同步,進入發展的新階段。

建國初期,人民在政治上翻了身,成為國家的主人。"破舊立新,移風易俗,創造新生活"成為對聯創作的主旋律,如:

翻身全靠共產黨
幸福不忘毛主席

解放初期是中國歷史上最光明的時期之一,人民群眾把感謝共產黨,感謝毛主席的感情深深地注入對聯之中。

隨著新中國的成立,內憂外患雖沒有完全消除,但老百姓已經能夠過上安穩太平的生活,所以黨中央就把精力轉移到社會主義建設上,開始執行"五年計畫"。這時對聯的題材也跟著變化,對"掀起社會主義建設高潮"起到了宣傳作用。爾後,對聯題材隨著社會的變化而變化。

1950 年 6 月 25 日 美帝國主義打著聯合國的旗號 悍然發動了侵朝戰爭,

把戰火燒到中朝邊境的鴨綠江邊。在中朝面臨危急的嚴峻時刻，毛主席決定派出志願軍抗美援朝。反映這場戰爭的對聯應運而生：

> 抗美援朝　　中華兒女多奇志
> 改天換地　　赤縣山河換新顏

1956年4月，毛澤東同志在中共中央政治局擴大會議上，正式提出在科學文化工作中實行"百花齊放，百家爭鳴"的方針，即藝術問題上"百花齊放"學術問題上"百家爭鳴"。這對文藝的發展起到積極的推動作用。1957年，陳寅恪撰春聯歌頌"百花齊放"方針云：

> 萬竹竟鳴除舊歲
> 百花齊放聽新鶯

十年"文化大革命"是極左路線統治時期，也是對聯的發展轉捩點。這時，幾乎一切古代的東西和外國的東西都被當作封、資、修的垃圾。但由於對聯有深厚的群眾基礎，且為"文化大革命"做了"宣傳大使"，因此，這個時期的對聯雖不像以前那麼發達繁榮，卻沒有遭到封殺的厄運，過年的時候，民間還延續著貼春聯的習慣。

縱觀新中國成立初期到"文化大革命"這段歷史，對聯的題材並不單一，除了上述與時事相關的對聯外，還有贈人聯、自題聯、挽聯、祠堂聯等。郭沫若1962年贈毛澤東聯云：

> 澤色繪成新世界
> 東風吹復舊山河

1976年1月8日，敬愛的周恩來總理逝世，清明節前後，天安門廣場和全國許多城市爆發了以悼念周總理、筆伐"四人幫"為中心的"四五"運動，廣大青年學生和人民群眾以詩詞、對聯為武器，掀起了一場形式奇特的政治鬥爭，鬥爭矛頭直指萬惡的"四人幫"。

悼念周總理的對聯如：

> 為新中國百年大計　日夜操勞　憑雄才大略主持內政外交　剛柔相濟　崇高聲德滿天下
> 跟毛主席萬裡長征　繼續革命　以赤膽忠心創建豐功偉業　始終如一　燦爛光華照人間

還有人民群眾用挽聯的形式悼念總理，痛斥"四人幫"，發揮了楹聯匕首、投槍的作用：

巨星隕落　神州內外贊光明正大　痛悼英烈
　　揮淚操戈　舉國上下恨陰謀詭計　怒斥妖魔

　　新中國成立到"文革"這段時間，關於對聯的著作不少。據《中華對聯大典》統計，共有 48 種之多，這些聯書，多數為收集新中國成立後新撰寫的對聯集子。

2. 改革開放新時期對聯的發展

　　十一屆三中全會以後，文藝百花園出現了勃勃生機，對聯隨著小說、詩歌、報告文學、散文等文學形式的發展，到達了繁榮時期，其主要特點是：

　　一是建立楹聯組織，擴大隊伍。1984 年 11 月，中國楹聯學會成立，成為國家一級社團組織，經過 30 餘年、幾任領導的努力，如今國家級會員已達六七千人。各省、直轄市、自治區及許多個市縣也建立了楹聯組織，成為對聯復興的生力軍。

　　二是對聯新品種悄然問世。在解放思想的感召下，"新標題書面對聯"應運而生。所謂"新標題"，就是與傳統的舊標題（題、贈、挽、賀）不同，由作者選擬恰當的新標題。所謂"書面"，就是直接以書面形式在報刊上自由地創作和發表，而不是傳統的張貼、鐫刻、懸掛等形式。這個變化，打破了傳統的束縛，為對聯的復興創造了條件。

　　三是對聯出現在各種新載體上，網路傳播對聯的出現尤為新鮮。對聯除了用在報刊等傳統的媒介上，還用在廣播電視上——每年的春晚都成了對聯的盛宴。隨著時代的發展、人們生活情趣的變化，對聯載體不斷增加。名片上的對聯，代替庸俗的官銜，更顯儒雅之風；明信片、拜年封、賀卡上的對聯，是表達親情、友情的新方式。河南出現了將中國結與對聯編結在一起的成品，銷路非常好。還有人設計各樣的小禮品，將對聯融於其中，或鐫刻，或印刷，或書寫，都是不錯的創意。隨著資訊時代的到來，對聯出現在互聯網上，楹聯寫作、鑒賞、交易網站越辦越多，這就為對聯的復興提供了更為廣闊、快捷的平臺。

　　四是對聯的社會功能進一步發展。對聯幾乎參與了各種大型的政治活動、紀念活動和節日活動，充分發揮了對聯的宣傳、鼓勵、教育、裝飾作用。如歌頌 1982 年新德里亞運會中國健兒的對聯：

亞運會捷報頻傳　　奮戰奪魁　　中華健兒好身手
世杯賽佳音迭至　　強攻克敵　　體壇新秀銳鋒芒

　　五是群眾性的對聯文化活動空前活躍。據《中華對聯大典》統計，從改革開放到 1997 年之間，全國舉辦各種征聯活動共計 244 次，徵集到大量的對聯。各種主題的征聯活動，吸引了廣大群眾積極參加，在實踐中鍛煉了楹聯隊伍的創作，提高了撰聯水準。

　　六是對聯理論、對聯史的研究取得了可喜的進展，已經成為一門獨立的學問體系。通過各種學術研討會和學術爭鳴活動，使對聯理論、對聯史的研究步步深入，出現了百家爭鳴的大好局面，並在一些問題上取得了共識。一大批理論文章、著作相繼問世。已經出版的對聯著作中，除傳統的聯話之外，還有專門介紹對聯知識，指導對聯寫作和欣賞的書，這些著作對普及對聯知識和指導對聯寫作有很好的指導作用。

　　2007 年 5 月，中國楹聯學會根據形勢發展的需要，在中國對聯史上第一次提出了《聯律通則》試行稿，填補了數千年沒有聯律的空白，也明確了對聯是"獨立文體"的地位。2008 年 10 月 1 日，中國楹聯學會頒佈了《聯律通則》（修訂稿），為楹聯在格律方面的創作、評審、鑒賞提供了依據，在對聯史上書寫了光輝的一頁。

　　儘管改革開放後，對聯取得了可喜成績，但是我們也要清醒地認識到：貼對聯的雖多，但真正會創作對聯的人卻在減少，這和生活節奏加快有關。國家察覺到對聯發展後繼乏力的情況後，為加強對聯的保護，在 2006 年啟動了申報世界文化遺產的工作，還將楹聯習俗列入第一批國家非物質文化遺產名錄，並推行傳統文化教育，尤其是對青少年的教育，打開了青少年學習、創作對聯的大門。

　　相信通過國家的有力措施，對聯創作隊伍將不斷擴大，尤其是青少年"隊員"能不斷得到補充。同時對聯繼承和不斷發展對我國的"三個文明"建設起著越來越重要的作用。

第二編　妙用各奇的中華儷言

　　如果用心觀察一下，你會發現，對聯類別之多，用途之廣，而春聯是萬聯之母，每逢過年，它是不可或缺的一道文化大餐。隨著時代發展，對聯的用途更加廣泛，結婚的喜慶聯、歡慶用的節日聯、祝壽用的壽誕聯、哀悼用的挽聯……不計其數，層出不窮。

一、對聯的分類

對聯，經過千年的磨礪和沉澱，發展到今天，已成為一門獨具體系、種類繁多、規模龐大、內容豐富的藝術品類。然而，從古至今，對於對聯的分類，並沒有確立統一的標準。

光緒年間出的《楹聯彙編》，把對聯分為壽誕、廟宇、故事、勝跡、應制、人品、格言、春聯、新婚、屋宇等 20 類，顯得煩瑣而紊亂。

清代文學家梁章鉅研究對聯，頗有建樹，在其著作《楹聯叢話》中把對聯分為故事、應制、廟祀、廨宇、勝跡、格言、佳話、挽詞、集句（附以集字）、雜綴（附以諧語）10 個門類。

近些年來，為了分別研究各類對聯的特點和寫作要求，人們進行了一些關於對聯的分類研討，但也意見不一，從不同的角度出發得出五花八門的分類。現將常用的分類進行簡要介紹。

《楹聯叢話》

1. 按用途分類

按用途，對聯大致可分為六大類，即：喜慶類、哀挽類、裝飾類、行業類、文苑類及其他類。喜慶類包括春聯、節日聯、婚嫁聯、壽誕聯、喬遷聯；

哀挽類包括致挽聯、自挽聯、墓祠聯；裝飾類包括風景聯、名勝聯、寺廟聯、官署聯、宅第聯；行業類包括酒館聯、藥店聯、理髮店聯、戲臺聯、會館聯；文苑類包括治學聯、書齋聯、自勉聯、言志聯、題贈聯；其他類包括諷刺聯、戲謔聯、謎語聯、應答聯、巧對聯、應徵聯。

這種分類雖然普遍，但是分類的方法也有差異，不同的學者會給出不同的答案。下文將詳細介紹部分對聯，並就其中的部分類別加以扼要解釋。

門聯是指貼在大門上的對聯，或者雕刻、嵌綴在大門上的永久性對聯。書齋聯，是文人雅士在自己居住、學習的地方寫的對聯，這種對聯的思想內容大多明心怡性，治學修養，述志抒懷，寄慨自娛，惕厲自勉。例如，南宋愛國詩人陸游題書巢聯：

　　　　萬卷古今消永日　　一窗昏曉送流年

堂室聯，是裝飾聯中的一種，又叫宅第聯。例如，林則徐升任兩廣總督後，題了一副堂聯：

　　　　海納百川　　有容乃大
　　　　壁立千仞　　無欲則剛

這正是作者精神品格之寫照，氣概不凡，操守可嘉。

交際聯是指用於交際的對聯。交際聯有廣義和狹義之分。廣義的交際聯，指所有送人的對聯，如壽聯、喜聯、挽聯及其他題贈應酬的對聯。狹義的交際聯，僅指朋友之間平日互贈的對聯，也稱饋贈聯，是指親友之間平日相互往來、相互贈送的對聯，主要內容是稱羨和表彰對方，互道深情厚誼，互相勉勵或表示謝意等。

2. 按內容來分類

以內容題材為依據，對聯可分為多種類型，主要可以分為狀景類、敘事類、抒情類、格言類、曉理類、諷刺類。

敘事類

敘事類是指直接陳述某件事情的對聯。我國有五千年的歷史，歷代文人在這方面給我們留下許多典範。現在人們在各種場合也大多採用這一類對聯。

例如武漢古琴台聯：

　　志在高山　　志在流水
　　一客荷樵　　一客聽琴

此聯陳述了春秋時俞伯牙在龜山鼓琴與鐘子期交為知音的故事。上聯寫伯牙鼓琴時，忽而"志在高山"，忽而"志在流水"，意指情趣高雅；下聯則是對伯牙鼓琴的客觀反映，知音者"聽琴"入迷，不辨者"荷樵"而去。聯語僅十六字，猶如一幅畫卷展現在人們的面前。

狀景聯

狀景聯是指描寫景物的對聯，大多是人們觸景生情時所作，借景物來抒發自己的感情。歷代文人墨客以走山訪水為好，吟詩作對為樂，寫下了不少狀景聯，而且有許多佳作。如王維描寫所居輞川別墅的聯語：

　　明月松間照
　　清泉石上流

上面聯語的意思是：皎皎明月從松隙間灑下清光，清清泉水在山石上涔涔流淌。對聯描繪了一幅美好的畫卷，寄託著詩人高潔的情懷和對理想境界的追求。

抒情聯

抒情聯是指作者寄託或抒發自己感情的對聯。此類對聯或借景抒情，或直抒胸臆。

例如，林則徐在流放中作的一副對聯：

　　西塞論心親舊雨
　　東山轉眼起新雲

抒發了林則徐渴望東山再起的抱負。

曉理聯

曉理聯是指用意味深長的語句構成的對聯，從告訴人們某種哲理。例如，廣西融水苗族自治縣丹江橋涼亭聯：

橋下清溪　　看你濁時有幾久
亭前大路　　勸君邪徑莫須行

上聯通過"清溪濁時"不會長久的規律，給人們揭示了挫折只是暫時的道理；下聯則成了規勸人們循章守法的箴言。

格言類

人們為了策勵自己和勸勉別人，常寫一些滿含哲理、意味深長的對聯，如吳敬梓的勵世名句：

讀書好　　耕田好　　學好便好
創業難　　守成難　　知難非難

評論聯

評論聯是指對某件事或某人物進行評論的對聯。例如，安徽合肥包公祠聯：

理冤獄　　關節不通　　自是閻羅氣象
賑災黎　　慈悲無量　　依然菩薩心腸

此聯攝取了"理冤獄"和"賑災黎"兩宗大事，頌揚了包公清明廉政、秉公斷案、鐵面無私的崇高品格。

諷刺聯

當被壓迫者、被剝削者在與壓迫者、剝削者的尖銳矛盾得不到解決時，常以對聯形式諷刺檄討，以揭露統治者、壓迫者的惡行罪責。例如，清朝時有個貪污暴劣的縣令叫王寅，老百姓寫了一副諷刺聯"王好貨，不論金銀銅鐵；寅屬虎，全需鴻犬牛羊"，貼在他的官府門旁，以暴露他的不正心術。

3. 按字數分類

從字數上分類，有短聯、中等聯、長聯

短聯

短聯是指字數較少，一般不需要在文中斷句的對聯。

最短聯為一字聯：

　　墨
　　　泉

相傳在清咸豐年間，文宗帝以"墨"字為上聯征對，眾臣多以"筆、紙、書"等字應對，均不合其意。唯有一位大臣以"泉"對之而獲嘉獎。奧妙何在？我們可以在聯家梁石的評價裡找出答案："（此聯）妙在拆字，墨字上半部是顏色中的黑，下半部是五行中的土；泉字的上半部是顏色中的白，下半部是五行中的水。黑土對白水。合起來以泉對墨，詞性相當，平仄相諧，精巧無比，絕妙無雙。"這就是對聯的魅力之所在，仔細品味，自然趣味無窮。

中等聯

中等聯是指比短聯長、比長聯短的對聯，大多數認為在10字至25字間的對聯為中等聯。例如，十字聯：

　　祖國山河處處盡展錦繡
　　中華兒女人人皆稱舜堯

長聯

長聯一般是指全聯超過40個字的對聯。把40字作為長聯的起點，是清人梁章鉅提出的。至於平時有人把20多字至30多字的對聯也叫"長聯"，這也未嘗不可，但那只是與更短的對聯相比而言。

聞名中外的天下長聯不少，清人鐘雲舫所作成都望江樓崇麗閣長聯有212字，張之洞所撰屈原汀妃祠長聯有1400字，都比昆明大觀樓聯長。

4. 按出處分類

按聯語出處分類有集句聯、集字聯、摘句聯和創作聯

集句聯

就對聯的創作手法而言，大體可分為兩種：一種為自撰聯，另一種就是集句聯。集句聯是從古今文人的詩詞、賦文、碑帖、經典中分別選取兩個有關聯的句子，按照對聯中的聲律、對仗、平仄等要求組成聯句。既保留原文的詞句，又要語言渾成，另出新意，給人一種"青出於藍而勝於藍"的藝術魅力。

集句聯的範圍很廣，可以集詩、集詞、集駢文、集碑、集帖、集宗教經典，甚至連成語、白話、俗語，也可集。集句聯可集同一作者的不同詩文，也可以集不同作者的詩文，既可以集同代作者的詩文，也可以集異代作者的詩文。如朱德、彭德懷賀壽馮玉祥聯：

南山峨峨　　生者百歲
天風浪浪　　飲之太和

這四句都語出司空圖《詩品》，"南山峨峨""生者百歲"出自《曠達》，"天風浪浪"語出《豪放》，"飲之太和"語出《沖淡》。

摘句聯

有人乾脆把詩中的對偶句原封不動地拿來作為對聯處理，這種聯叫摘句聯，如：

春蠶到死絲方盡
蠟炬成灰淚始乾

以上便是摘自李商隱《無題》詩中的對偶句，而集聯和摘句則是連接詩歌和對聯的一座橋樑。

集字聯

集字聯，是對聯與書法結合後產生的一種對聯形式。或者說，就是在一大堆珍寶的字元裡取若干個字組成一副對聯，這一大堆字元往往就是書法名

家已經寫成的碑帖拓片集。例如，集王羲之《蘭亭集序》字的對聯：

　　清氣若蘭　　虛懷當竹
　　樂情在水　　靜趣同山

現在電腦技術發達了，人們將古今名人書法字體集儲存到電腦字形檔中，應用十分方便。因此，集字形式的書名、牌匾的對聯會越來越多。

5. 從寫作方法上分類

從寫作方法上分類，一般可以分為正對、反對和串對三種。

正對

所謂"正對"，就是上下聯的內容相關或相似，從不同的角度共同說明同一事理，內容上互為補充的對聯。

　　六畜興旺千家樂
　　五穀豐登萬戶春

這副春聯，上下聯都講生產豐收，農家歡樂。上下聯的內容構成主要是並列關係，內容上是互相補充的，這便是正對。

反對

所謂"反對"，就是上下聯一正一反，如白與黑，正與邪，雅與俗，有與無等，意思互相映襯，能把主題表現得更為深刻鮮明、引人注目，能收到更好的藝術效果。敘事哲理聯"反對"較多。如魯迅名言中就有對敵人和對人民截然不同的態度：

　　橫眉冷對千夫指
　　俯首甘為孺子牛

串對

所謂"串對"，又叫作"流水對"，上下聯的意思是順承的、連貫的，只是把一個意思分成兩句話來表達。如果將下聯獨立起來，意義就不完整。串聯的上下聯一般都有因果、連貫、遞進、條件、假設等關係。

　　聚來千畝雪
　　化作萬家春

這副對聯是棉花店聯，上下聯是因果關係，上聯是因，下聯是果。

另外，也有一種特別的上下句關係——"無情對"，也就是上下句之間沒有半點關係，但對仗卻特別工整。如"木已半枯休縱斧，果然一點不相干"。上句是唐詩中所摘，下句為一俗語，兩句的意思無任何聯繫。

中國對聯，源遠流長，內容豐富，種類繁多，有人說它有上百種，有人說它有上千種，這是不同的分類方法所致，並沒有對錯之分，重要的是應掌握常見對聯的種類及其特點，以便在品味和寫對聯時應用得上。

二、年味十足的春聯

春節是我國的傳統節日，在春節來臨、新年伊始之際，人們總喜歡在門上貼一副春聯，以烘托喜慶氣氛。春聯一般含有迎新春、頌盛世之意。在我國，無論塞北還是江南，無論城市還是鄉村，無論機關還是軍營，都有貼春聯的習慣。儘管各行各業有各自不同的喜慶聯語，但有一點是相同的，那就是都洋溢著新春的朝氣、時代的氣息和喜悅的氣氛。

貼春聯

現在，春聯已成為一種文學藝術形式，種類繁多，依其使用場所，可分為門心、框對、橫批、春條、鬥斤等。"門心"貼於門板上端中心部位；"框對"貼於左右兩個門框上；"橫批"貼於門楣上；"春條"根據不同的內容，貼於相應的地方；"鬥斤"也叫"門葉"，為正方菱形，多貼在傢俱、影壁中。同時，家家戶戶都要在屋門上、牆壁上、門楣上貼上大大小小的"福"字。

春聯，多是寄情抒懷，希望一年吉祥如意，用語一般輕鬆歡快，喜氣洋溢，切情切景，大紅色彩配上吉祥話語，為春節平添了歡樂氣氛，比如：

  上上下下　男男女女　老老少少　都添一歲
  家家戶戶　說說笑笑　歡歡喜喜　均過新年

儘管留下了不少年年"通吃"的好春聯，如：

  爆竹一聲除舊
  桃符萬戶更新

但隨著時間的推移，有的便顯得陳舊些，有人將其稍加改動，則顯得清新不少：

　　爆竹二三聲　人間易歲
　　梅花四五點　天下皆春

從上述實例和春聯發展歷程可以看出，隨著時代的變遷，不同的時代賦予了春聯不同的內容和風貌，不同的人群、不同的職業，所表達的內容也各異。過年貼春聯算是一件大事，家家戶戶都非常重視，因此，圍繞著春聯，發生了不少耐人尋味的故事。

古時有一富家過年貼了一副"富翁春聯"：

　　去年不是王阿二
　　新歲將成沈萬三

王阿二是窮小子常用的名字。沈萬三，元末明初人，洪武年間的巨富。一位窮書生貼出的春聯的意境就和上面的對聯大相徑庭：

　　上五下五辭舊歲
　　裡二外八過新春

貼餅子時兩手對拍，上下各五個指頭；蒸窩頭時裡面用兩個指頭，其餘八個在外，所以叫"裡二外八"。聯語表現了對窮困生活的自嘲。

辛亥革命勝利後，國民政府新頒法令：以陽曆紀元，提倡男女平等。於是一副很有時代氣息的春聯便應運而生，流行於世，對聯這樣寫道：

　　男女平權　公說公有理　婆說婆有理
　　陰陽合曆　你過你的年　我過我的年

聯語通俗易懂，接近口語，卻寓意無窮，嚼之有味。

一農民在新中國成立前寫過這樣一副對聯：

　　過年只有兩升米
　　押歲並無一分錢

新中國成立後，人民當家做主；改革開放，生活更加富裕。於是這位農民又寫了一副對聯：

　　過年儲糧十餘擔
　　押歲存款上千元

時代的變遷，賦予了對聯新的活力和內容。如：

喜鵲登梅唱祖國千秋富貴
春風化雨催改革萬象更新

此聯寥寥數字，精妙地寫出了改革以後的社會風貌，一眼便知對聯所產生的年代，古調新彈、濃豔富麗，把舊時習慣用語賦予新的生機，給人以全新的感覺。

有些春聯和地域結合緊密，形成了地方話對子，下面便是廣州話春聯：

胡混混全憑兩度
戇居居又過一年

戇居居：呆頭呆腦的意思。對聯用俚語的形式道出了當時一般人的生活情況。

春聯多數情況下表達人們對來年的美好祝願與嚮往，在特殊歷史條件下，亦可作為揭露現狀、鞭撻邪惡的武器。

清朝末年，廣大勞動人民的生活苦不堪言，可是地主豪紳卻變本加厲地盤剝百姓。有一年春節，某地農村的富豪人家張燈結綵、燃放鞭炮、尋歡作樂。可是，許多平民百姓卻衣不蔽體，腹中空空。有個農民有感於此，便寫了一副對聯，貼在村口破廟的門上：

咦！哪裡放炮
哦！他們過年

這副對聯，既是自我嘲諷，也是對當時"富連阡陌，貧無立錐之地"社會現象的諷刺。一問一答，短短十個字，雖然對仗並不講究，卻樸素自然地道出了貧富兩個階級迥然不同的生活景象，表達了農民大眾對地主階級的憎惡和氣憤。

許多地方，都有一個習俗：每逢除夕，只要貼上門對，債主就不興上門討債了。因此，就有些人巧借春聯度年關。

相傳，古時候，有兩個窮人年年春節時都要外出躲債。有一年，他們再也不想東躲西藏了，準備在家安安穩穩過個年。可是怎麼搪塞討債人呢？二人經過商量，終於想出一個好主意。除夕那天，他們各自在家門上貼了一副春聯：

其中一家的門對內容為：

米無面無油鹽醬醋皆無　如此貧寒　哪個小子敢討賬

筆有墨有琴棋書畫俱有　徒然富貴　何愁老子不還錢

上聯訴自己的窮，下聯言債主的富。主語軟中帶硬，表示既不想賴帳，也暫時無力償還。

另一家的春聯是：

是君子容我過年

是小人找我要錢

此聯給債主預備了"君子"和"小人"兩頂帽子。用意十分明顯，構思也十分巧妙。

據說，有了這兩副對聯把門，這一年債主們還真沒前去討賬。

春聯還有和解人際關係的功能，以下一則故事可顯示其魅力。古時候，某地有兄弟二人，雖各有才學，卻無修養，平日裡時常爭吵，互不相讓。一年除夕，哥倆商定不再吵架，並要寫一副春聯貼出去。哥哥思索片刻，先寫出上聯貼出去：

虞舜當年逢象傲

此聯運用了這樣一個典故：上古賢王舜事母至孝，而其弟弟象卻居心不良，多次設計欲害舜。後舜當了帝王，不但沒怪罪象，還封象做了官。哥哥是借此諷刺弟弟知恩不報，不敬兄長。

弟弟出門一看，便馬上寫了下聯貼出：

桓魁何日解午憂

此聯針鋒相對，也用了一個典故：古代有司馬氏兄弟二人，哥哥司馬桓魁品行不軌，禍及鄉鄰。弟弟司馬午深明大義，常擔風受險，替哥哥分憂。弟弟借此反唇相譏，奚落哥哥妄自尊大，連自己的手足也不關心。

鄉鄰們看了他家的對聯，無不掩口而笑。當夜，有人寫了一聯，壓在那副春聯的上面：

兄比虞舜不大象

弟比桓魁亦非午

第二天，兄弟倆看了此聯，十分愧悔，自此不再吵架了。多少年來，各行各業在辭舊迎新之際，往往通過春聯狀物抒情，尤其是服務行業，多用精彩的春聯來讚美自己的職業或店鋪。

過去，不少人認為理髮業低人一等，有家理髮店貼出一副春聯：

莫謂毫無技藝

　　卻是頂上功夫

說明不要看不起理髮的,理髮是"頂上的功夫"。下面一副春聯,頗具學校特色:

　　園丁辛勤一堂秀

　　花朵茁壯滿園春

三百六十行,行行在除舊迎新的時刻幾乎都會出春聯,表達對發展的期盼,由於數量眾多,就不在此列舉了。

今日,春聯已成為中國人過年必不可少的一部分。它代表的不僅是喜慶,還寄託了人們對新年的願望,激勵人們奮進。春聯兩千年來盛傳不衰,已成為我們民族傳統文化中的一朵藝術奇葩。

三、渲染氣氛的節日聯

各國各民族有不同的方式慶祝自己的節日。而我國的傳統節日很多，人們過節的方式也有別於其他國家，其中一項活動就是貼節日聯。

所謂節日聯，是針對各種節日，以示慶祝、紀念，使節日倍增歡樂、熱烈、隆重氣氛而撰寫的聯語。這種節日聯語，可以說是春聯的擴大和演化。目前，它已成為獨具特色的對聯類別。

因為每個節日都有其自身的意義，所以在寫節日聯時要針對每個節日的特點寫出與其相關的喜慶聯語。

1. 新年聯

元旦即陽曆 1 月 1 日，也被稱為新歷年、陽曆年，是一年開始的第一天。"元"有開始之意，"旦"指天明。1912 年 1 月 1 日，孫中山先生在南京就任臨時大總統，為了"行夏正，從西曆"，宣佈改用陽曆，1 月 1 日為元旦，南京各界元旦慶祝大會上懸掛一副長聯：

滾滾長江　流不盡我族四千六百餘年無量英雄無量血　放眼覷鐘山王氣　楚水霸圖　半壁奠東南　大野玄黃　已遂秋風變顏色

茫茫震旦　要爭個全球八十三萬方裡自由民意自由魂　舉手慶漢日再中　胡塵一掃　雄師搗西北　卿雲紅縵　重安禹甸信群才

民國的成立，是由武昌起義奠定，故上聯寫上這一筆。"卿雲"就是祥和之雲；"紅縵"是形容"卿雲"燦爛。民國初立，曾以《卿雲歌》譜曲，作為國歌。"震旦""禹甸"均系中國別稱。

當時對於推行新曆，意見不一，有贊同的，也有反對的，還有主張陽曆、陰曆新年一樣過的。有一副佚名聯就是主張"陰陽並舉"：

陰曆上面注陽曆　陽曆下註腳陰曆　是陰陽不可偏廢
舊年前頭過新年　新年罷手過舊年　知新舊仍要並存

1949 年 9 月 27 日，中國人民政治協商會議第一屆全體會議決定"中華人民共和國紀年採用西元年法"，確認新年（元旦）為中國的法定節日。元旦也是世界上很多國家和地區的法定假日。

元旦對聯多以喜慶祝福為主題，表達對生活事業的美好嚮往，下面一副對聯便能體現：

元春淑景逢盛世
旦曉晴光照華年

2. 元宵聯

農曆正月十五是我國傳統節日——元宵節。正月是農曆的元月，而正月十五又是一年中第一個月圓之夜，因而，正月十五被稱為元宵節，是春節之後第一個重要節日。在民間，元宵節夜晚有看燈、猜燈謎的習俗。燈謎，即寫在彩燈上面的謎語，又叫"燈虎"，猜燈謎又叫"射燈虎"。謎語來源於民間口謎，後經文人加工成為謎，它在中國源遠流長。在古代，百姓都去看燈、猜謎語，文人們則飲酒、賦詩、答對。元宵節時，年味還沒過去，依然是張燈結彩，對聯也少不了。

請看這副元宵節聯：

燈月燦華筵　留得元宵余景　問當場誰惜千金一刻
笙歌沸羽曲　果然大地長春　能勝賞再來五夜三更

燈月燦爛，笙歌起伏，此情此景，作者突發感想，向人們提出了一個世人極易忽視的哲理之問："問誰惜千金一刻"，意在告誡人們時間的可貴，此

點睛之筆 餘味無窮。"能勝賞再來五夜三更"道出了人們對良宵的無限嚮往。聯語意境含蓄，感情真摯，讀後令人在歡宴之中倏然得以藝術的淨化，以激發人們對人間良辰美景的無限依戀和珍惜。

3. 清明聯

清明是農曆二十四節氣之一，也是一個祭祀祖先的節日，傳統活動為掃墓。同時，許多地方有"踏青"的習俗。清明節的對聯多以懷念逝者為主：

年年祭掃先人墓

處處猶存長者風

祭祀的物件不同，對聯的內容也有別。下面一聯是為革命烈士所寫，明顯和上一副對聯不同：

先烈功垂千古

英名留傳萬年

4. 端午聯

端午節為每年的農曆五月初五，是我國漢族人民的傳統節日。這一天主要的活動為吃粽子，賽龍舟，掛菖蒲、蒿草、艾葉，薰蒼術、白芷，喝雄黃酒等。據說，吃粽子和賽龍舟是為了紀念詩人屈原，所以曾把端午節定名為"詩人節"。至於掛菖蒲、蒿草、艾葉，薰蒼術、白芷，喝雄黃酒，則是為了避邪。

歷史上有許多關於端午節的佳聯妙對，今摘一副以求共賞：

端門北　午門南　朝廷賜宴於端午

春榜先　秋榜後　科場取士在春秋

上聯為明太祖朱元璋所出，下聯為沈應所對。上聯中的"端門北"中的"端"和"午門南"中的"午"合在一起，恰巧為"朝廷賜宴於端午"中的"端午"。明代時，春榜，也叫甲榜，甲榜取進士；秋榜，亦稱乙榜，乙榜取舉人。

下聯以春秋兩榜對上聯端午兩門，同時"春""秋"合成"春秋"，與上聯"端""午"合成"端午"相對應，可謂對答工巧，貼切自然。

5. 七夕聯

每年農曆七月初七，傳說是牛郎織女一年一次相聚的日子，因此，七夕節被認為是"中國情人節"。這一節日通常以牛郎、織女、鵲橋為題材，表達對愛情的嚮往和對家庭幸福的追求，下面兩副較為代表性：

　　牛女二星河左右
　　參商兩曜鬥西東

　　雲霧遮掩九重天　　天有情　伉儷同攜手　一座鵲橋　比翼流連　喜
　　前塵共卿千般夢
　　鳥靜鳳鳴三更月　　月無光　依人獨倚窗　兩行清淚　暗自嗟歎　憶
　　往昔與君幾多歡

6. 中秋聯

每年的農曆八月十五為中秋，是人們祈盼團圓的日子。月亮的傳說是中秋節最具文化魅力的一部分，其中"嫦娥奔月""吳剛伐桂""玉兔搗藥"之類的神話故事流傳甚廣。因此，自古以來，有關中秋節的對聯不少，其中大多在"中秋月""團圓"上做文章，請看著名的"中秋出句年尾對"：

　　天上月圓　人間月半　月月月圓逢月半
　　今夜年尾　明日年頭　年年年尾接年頭

再看下面這副明末清初文學家金聖歎作的對聯：

　　半夜二更半
　　中秋八月中

相傳，金聖歎到金山寺閒遊，被寺宇長老所出的對子難住："半夜二更半"，一時對不上，不歡而去。後來，他因哭廟案被判死刑，臨刑時，正是中秋佳節，猛然想起長老的出句，對出了下聯。歷史上稱為"生題死對"。

據說，有一年中秋夜，蘇小妹隨兄東坡及佛印和尚泛舟賞月。小妹出上聯：

五百羅漢渡江　岸畔波心千佛子

佛印和尚望望圓月後對道：

一個美人映月　人間天上兩嬋娟

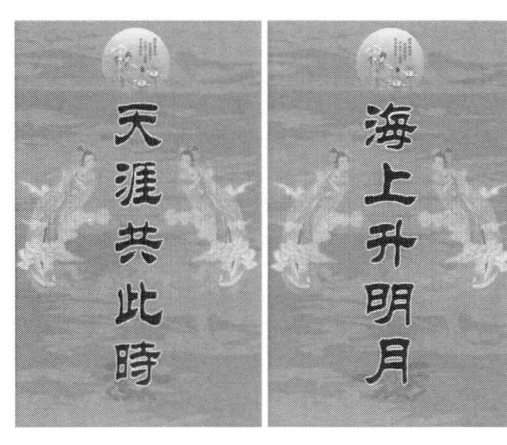

最妙的是把蘇小妹倒映在水中的窈窕身影描寫出來了。

天涯共此時

海上升明月

中秋聯

7. 重陽聯

重陽節為農曆九月初九。這天所有親人都要一起登高"避災"，插茱萸、賞菊花。

重陽節之時雖然沒有張貼對聯的風俗，但自魏晉以來重陽氣氛日漸濃郁，為歷代文人墨客吟詠最多的幾個傳統節日之一。

登高作對，古人更有精短聯。三言聯如：

　　黃花宴
　　紅葉詩

及由此引申套句聯"烏台好仿黃花宴，風笛催成紅葉詩"。七言聯如：

　　何處題糕酬錦句
　　有人送酒對黃花

《邵氏聞見後錄》云：劉夢得作重陽詩時，因五經中無"糕"字而作罷，被宋子京哂謔："劉郎不敢題糕字，空負詩家一代豪！"

8. 臘八聯

農曆十二月初八是臘八節，在這一天做臘八粥、喝臘八粥是全國各地老百姓的傳統，也是較為講究的習俗。有風俗學者認為，過了臘八節就算是過年了。下面是常見的臘八對聯：

戊社酬神喧臘鼓
丁農分肉試鸞刀
洛下僧分臘八粥
吳中市有上元燈

綜上，作為節日重要角色的對聯在中國傳統文化中與老百姓的聯繫最為密切，有關民俗的對聯在民間有著特殊含義。而對聯在我國歷代文學百花苑中，是一朵獨特秀雅的花蕾，是我國特有的文學形式。將對聯和民俗節日元素組合在一起，很好地體現了我國傳統文化的精髓。

四、錦上添花的喜慶聯

"喜怒哀樂，悲歡離合"八字大概是對人生最全的概括，而"喜"字排在前面，可見人們對其偏好。人生中會遇到很多喜事，結婚稱為大喜、新婚之喜；寶寶降生叫喜得貴子；搬入新家謂之喬遷之喜；大事成功後向外傳播"喜報"；走路碰到金蛋子砸著頭的好事，可以說是"喜從天降"……人逢喜事精神爽，不免要慶祝一番。喜慶聯，即賀聯，也就時常出現在這些場合中。

喜事多，喜慶聯的範圍也就比較廣，限於篇幅，不能面面俱到，筆者挑一些典型的喜慶聯，與大家分享。

1. 婚聯

結婚以懸聯的形式禧，是我國人民的傳統習俗。一副熱烈、吉慶、幽默的婚聯會給婚禮增加無限情趣。婚聯即賀婚嫁聯，是用於婚嫁禮儀的一種對聯，其內容主要是讚頌兩人

結合的完美、對未來婚姻生活的憧憬，以及對新人"白頭偕老、早生貴子"的美好祝願等，用於張貼在新婚夫婦所住門口或婚慶會場等地。

為了表達這種祝願，作者常常取材于鴛鴦、比翼鳥、連理枝等動植物，或者神話傳說如龍鳳、牛郎織女、梁山伯與祝英台等，採用多個角度和多種手法抒情。或用環境烘托"東風入戶　喜氣盈門"，或加以讚美"宜國宜家新婦女　能文能武好男兒"，或提倡婚姻自由"聯親攀戚　何必門當戶對；結友交朋　還須道合志同"，或表達志向，互相學習，共同進步"並肩同步康莊

道　攜手齊描錦繡圖"。

這類對聯，除通用婚聯外，可分為四季婚聯、姓氏婚聯、重婚用聯、續娶用聯、老年婚聯、同學婚聯等，常貼在新房門上及兩廂、廳堂、門臺上，以及新郎家的門上。

古時的婚聯雖有庸俗的內容，但不乏經典之作。

　　　　一陽初動　二姓克諧　慶三多　具四美　五世其昌征鳳卜
　　　　六禮既成　七賢畢集　奏八音　歌九如　十全無缺羨鶯和

此聯巧用數字對，把一個婚嫁場面寫得紅紅火火，"一陽"，有"春來""婚喜"之意；"二姓"，指結締婚姻的男女雙方；"三多"指多福、多壽、多子孫；"四美"，指良辰、美景、賞心、樂事；"五世"，典出《左傳》，是說懿氏占卜擇婚，卜辭中有"五世其昌"等吉語；"六禮"，古代締結婚姻的六種手續；"七賢"，指魏晉"竹林七賢"；"八音"，指古代的八種樂器；"九如"，是祝賀福壽的吉詞；"十全"指事物完美無缺，十全十美。值得一提的是，十個吉祥的語句均有出處，選典構句，恰到好處，聯句陳而不腐，自然貼切，平仄對仗，工整協調，聲韻並茂，為婚嫁聯中屈指可數者。

如果說上例婚嫁聯寫得典雅的話，那麼下例聯則寫得十分詼諧幽默了，請看：

　　　　十八年前不謀面
　　　　二三更後便知心

上聯寫出當時包辦婚姻的情狀，下聯寫出了新婚夫妻的親昵之情。聯句對工精巧、樸實，生活氣息尤濃。

對聯隨著時代變化而變化，婚聯同樣表現出時代的特點。土改時期，有一副婚聯，同樣打下了時代的烙印。聯為：

　　　　願天下有情人都成眷屬
　　　　使地上無產者皆大翻身

這副婚聯表達了勞動人民獲得解放的喜悅之情。婚聯也可表現出當事人的職業。某幾何教師和物理教師新婚燕爾，調皮的學生書贈一聯：

　　　　大圓小圓同心圓心心相印
　　　　陰電陽電異性電性性相吸

橫批：

公理定律

婚聯發展到今天，人們不斷賦予婚聯以新的內容——宣傳婚姻法，提倡婚姻自主；宣揚優生、優育等新時尚。尤其是我國實行計劃生育政策後，"喜看紅梅多結子笑迎綠竹早生孫"這類宣揚早婚、早育、重男輕女、多子多福的對聯已不多見，取而代之的是提倡計劃生育和晚婚晚育的對聯。如：

利國利家　是女是男生一個
相親相愛　同心同德繡三春

對聯闡述了計劃生育的現實意義，提倡只生一個，不僅利國，而且利家，並祝願新婚夫妻"同心同德"，共創大業。

男到女家，舊稱"招婿入贅"，世俗對此頗有偏見，常被人輕視。現在男女平等，男到女家，也已成為平常事。下面這副婚聯反映了人們鮮明的態度：

婿是兒　兒是婿　美中添美
媳是女　女是媳　親上加親

重婚聯，必須表現重婚的可貴。如聯：

鼓瑟鼓琴　弦更張時風亦韻
宜家宜室　鏡仍合處月同圓

再婚聯，必須與新婚聯有所區別。如聯：

珠簾月影重輝夜
錦閣花香兩度春

2. 賀生聯

生兒育女也是大喜事，家家戶戶都會重視。親友們為了表達祝福，不僅送上禮物，還會送上對聯。

送這類對聯，要看主人家添的是男孩還是女孩，再撰寫內容。下面這副是用六味中藥名撰寫的賀生子對聯：

益母丹參桂子
五加桑葚紅花

這副對聯妙在諧音上出新意，它的諧音聯為"一母單生貴子　五家雙送紅花"，即一對夫婦只生育一個孩子，親朋好友（"五加"諧音為"五家"，言其多，非定數）送來大紅花。

下一副是古人撰作賀生女兼讚美女孩長得漂亮，為不可多得的佳聯：

　　兆葉雞飛門前帨

　　祥征虺夢掌中珠

"雞飛"典出《翰府名談》："西施母夢翠雞五色自空飛下，遂生西施。"上聯用"雞飛"之夢生西施的傳說，稱吉兆相符，讚美生的女兒漂亮。"虺"語出《詩經·小雅·斯干》："維虺維蛇，女子之祥。"下聯說，吉祥的徵兆與"女子之祥"的"虺夢"相同，得以生下有如掌上明珠的女兒。此聯構思巧妙，用典妥帖。

在古代也有提倡男女平等的對聯：

　　不櫛也可稱進士

　　有才何必重生男

櫛，古代男子的髮束。"不櫛"，借指女子，後稱才女為"不櫛進士"。上聯說女子未必不如男，下聯接著上聯的意思進一步明確提出男女平等的觀點。聯語所表達的思想具有積極的社會意義，這在封建社會確實難能可貴。

3. 喬遷聯

人們在喜遷新居時，往往要寫上一副對聯，以渲染喜慶氣氛，這種對聯我們稱之為喬遷聯。內容多以頌揚喬遷之家地勢佳妙，房屋寬敞，裝飾華麗，生活美滿等為主，還有多結合人物、季節、職業等特點嵌入其中的。隨著社會的發展和人們生活水準的提高，喬遷已成為人們生活中的一件大事，因此，喬遷聯在楹壇中日漸重要。

在以前，喬遷聯主要寫一些雍容文雅之辭，如：

　　水如碧玉山如黛

　　鳳有高梧鶴有松

此類聯在遣詞造句上別無挑剔，卻少有新意，隨著時代變遷而有了更為豐富的內容，如：

　　華堂錦鄉江山添異彩
　　甲第祥和農戶樂重光

此聯不但洋溢著喬遷的喜慶之氣，還歌頌了國家的昌盛及農戶生活的美好。全聯對仗工整，平仄和諧，融入了時代精神，展現了時代的真實風貌。

4. 慶功、慶祝聯

升學、升職、大功告成、組織慶典等活動大都會有相應的對聯來烘托氣氛。古代對中舉升官比較重視，因此，有較多的升遷聯流傳於世。通用賀升遷聯：

　　立身自有凌雲志
　　報國殷期倚奇才

清林則徐贈葉仙庚赴雲南富民縣上任聯：

　　人自玉堂來　　吏亦稱仙原不俗
　　神從金馬至　　民能使富莫憂貧

張雲巢辭官後買宅於杭州，其時適逢其子入選翰林院，林則徐撰聯祝賀：

　　清門甲第傳兒輩
　　舊部湖山屬寓公

上聯意謂寒素之家，只有功名學問可以傳給兒輩；下聯意即：你現在新買的住所，就是你以前管理的地方。

喜慶聯涉及生活範圍大，用途較廣。學好用好喜慶聯，為親朋好友乃至為自己，都可以喜上加喜。

五、獻福增壽的壽聯

壽聯即為賀生日而作的對聯，多是祝願壽者長壽，稱頌壽者的品德與功績。壽聯多為五字或七字，也有數十字或數百字的。有的壽聯還切入時令、年歲或身份等。

壽聯寫作特點為求其言簡意賅。所以多用文言文，並且多用成語、典故、專名。但用成語、典故、專名時，必須先瞭解其含義，如祝六十歲壽用"花甲"，祝七十歲壽用"古稀"。

祝壽是我國歷史悠久的習俗，至少在漢代就已存在。時至明清，祝壽送賀聯之風盛行，一直延續至今。目前，考證到的最早的一副壽聯應為北宋孫奕《示兒篇》中所載，黃耕庾夫人三月十四生，吳叔經作聯賀道：

　　天邊將滿一輪月
　　世上還鐘百歲人

上聯中"滿"，暗切黃耕庾夫人誕生日，同時蘊含著團圓的意思，即祝願黃耕庾夫妻齊眉偕老。月為陰，代表女性。下聯祝壽。古人稱百歲為上壽，聯語祝願她成為百歲壽星。此聯措辭典雅，對仗極工，且立意精巧，筆致含蓄、自然，比喻得法，韻味無窮。

壽聯可分通用壽聯、專用壽聯、自壽聯和諷刺類壽聯。

1. 通用壽聯

通用壽聯可適用於任何職業、年齡的壽星。如我們最常見的：

　　福如東海長流水

　　壽比南山不老松

"福如東海"出自《西遊記》第二十六回："盈空萬道霞光現，彩霧飄颻光不斷。丹鳳銜花也更鮮，青鸞飛舞聲嬌豔。福如東海壽如山，貌似小童身體健。""壽比南山"語出《南史·列傳·齊高帝諸子·上》："古來言願陛下壽比南山，或稱萬歲，此殆近貌言。"這是一副時間久遠、範圍廣泛的通用壽聯，聯意吉祥，對仗工整，朗朗上口，廣受人們的喜愛。

北京師範大學教授吳師敬先生在他岳母 88 歲大壽時，曾作了這樣一副賀壽聯：

　　今朝賀米

　　指日恭茶

這是什麼意思？難道給岳母做壽就送一點米和茶？非也。"米"，是指"米壽"，"米"可拆為"八十八"，"米壽"就是八十八歲；"茶"是指"茶壽"，"茶"字由"廿"及"八十八"組成，合計為一百零八，"茶壽"就是要活到 100 歲以上。吳老這副賀壽聯，語意吉祥，又充滿妙趣。

常見的壽聯還有：

　　鶴算千年壽松齡萬古春

或：

　　益壽延年歌鶴算

　　高齡遐日祝松筠

也有針對職業人群的通用聯，如賀醫生壽聯：

　　學精術也精　名士名醫隨時喚

　　人壽己亦壽　仙桃仙杏逐年栽

2. 專用壽聯

專用壽聯的聯語必須切合壽星的年齡、性別、身份、地位、德行、業績等，有明確的針對性，不能易人。

在乾隆皇帝五十壽辰時，紀曉嵐跳出俗套的歌功祝壽常用模式，賀壽聯曰：

　　四萬里皇圖　伊古以來　從無一朝一統四萬里
　　五十年聖壽　自茲以往　尚有九千九百五十年

上聯以"從無一朝一統四萬里"的"皇圖"著眼，頌贊乾隆皇帝的文治武功，政績"輝煌"。"皇圖"，指封建帝王統治的版圖。乾隆在位期間統一疆土，使多民族大一統國家得到鞏固和發展，並以康熙《皇輿全圖》為基礎，重新編繪了"皇圖"。當時中國的版圖已達"四萬里"，地域之廣，確為"伊古"未有。下聯則運用加減法的計算，巧解"萬歲"一詞，用以賀"五十年聖壽"。

按"萬歲"計算，已有"五十年聖壽"的乾隆，不是"尚有九千九百五十年"的壽數嗎？乾隆皇帝儘管也心知肚明不可活能到"萬歲"，但看了此聯，肯定會龍顏大悅。

乾隆八十大壽時正好登基滿五十五年，舉國同慶。可這卻給準備送壽禮的大小官員出了個天大的難題。有人送來了黃金萬兩，皇上不屑一顧；有人送來了翡翠瑪瑙，皇上看也不看；有人送來了妙齡美女，皇上仍然是難有笑容。才子紀曉嵐所送的壽禮讓素有對聯喜好的乾隆帝喜得眉開眼笑：

　　八千為春　八千為秋　八方向化八風和　慶聖壽　八旬逢八月
　　五數合天　五數合地　五世同登五福備　正昌期　五十有五年

此聯中"八千為春，八千為秋"語出《莊子·逍遙遊》，此為祝壽之詞。上聯連用六個"八"字，恭賀乾隆八十壽誕，並稱"八方向化""八風"祥和，用字典雅，充滿喜慶；下聯從"五數合天""五數合地"開始，連用六個"五"字，與上聯六個"八"字工穩對仗，同時緊扣乾隆年號五十五年，藉以祝福昌期永盛，福壽綿長。

不僅如此，更為難得的是，此聯中又暗含一聯："春秋和壽月，天地備期年"。

3. 諷刺類壽聯

這類對聯往往借題發揮，名為祝壽，實為諷刺，或者乾脆揭過壽人之短，直指要害：

明代解縉賀某宰相一副壽聯：

真真元勳　老老宰相

烏烏白髮　龜龜遐齡

若從對聯表面上看，句句都是贊詞，尊稱"元勳""宰相"；"白髮""遐齡"都是說高齡長壽的意思。但仔細琢磨，就會發現此聯分別在每句開頭嵌入"真老烏龜"四字。聯中運用疊字法，使用了"真真""老老""烏烏""龜龜"八個字，連罵兩句真老烏龜，真老烏龜，罵得痛快淋漓。此聯以賀壽之名，行鞭撻諷刺之實。聯語自然，結構緊湊，對仗工穩，頗具匠心。

某縣發生嚴重旱災，夏秋兩季幾無收成。但天災未止，人禍複降。縣令準備大慶50歲生日，縣衙中的文武爪牙紛紛下鄉入裡，向百姓勒要壽禮。一秀才代民請命，寫成一副諷刺聯呈交州府：

大老爺過生　銀也要　錢也要　票子也要　紅黑一把抓　不分南北

小百姓該死　谷未收　麥未收　豆兒未收　青黃兩不接　送甚東西

州官看後即派人到地方訪察真情。不久之後，黑心縣令就被革職了。

4. 自壽聯

自己為自己撰寫的壽聯，由於對自己瞭解得更深，所以自壽聯往往感情真摯。

鄭板橋，康熙秀才、雍正舉人、乾隆元年進士。一生客居揚州，以賣畫為生，為"揚州八怪"之一。鄭板橋在六十歲時自壽聯：

常如作客　何問康寧　但使囊有餘錢　甕有餘釀　釜有餘糧　取數頁賞心舊紙　放浪吟哦　興要闊　皮要頑　五官靈動

勝千官　過到六旬猶少
定欲成仙　空生煩惱　只令耳無俗聲
眼無俗物　胸無俗事　將幾枝隨意新花
縱橫穿插　睡得遲　起得早　一日清閒似
兩日　算來百歲已多

　　鄭板橋作此壽聯時，正在濰縣上任。第二年，因為民請賑，得罪權臣被罷官了。從這副自壽聯中，讀者可以看出他那憤世嫉俗的情操，同時也可發現他那企求超脫的消極情緒。古人做自壽聯，多喜自譽，但鄭板橋卻用大白話說大實話，足見其聖哲胸懷和高士品格。

鄭板橋

六、寄託哀思的挽聯

挽聯，也叫哀挽聯，民間亦稱喪聯，是哀悼死者所作的對聯。一般以死者之生平、成績和美德，以及他的死亡對後人的影響等為內容，但也有例外，生前德行差的人，也會受到諷刺。多懸掛在靈堂兩側，或者貼在花圈兩側，或貼在追悼會場，一般不加橫批。

追根溯源，挽聯是由古代的挽詞演變而來的。古代的挽詞，二千多年前就有了，可以用詩、詞、賦、歌等多種形式表現。屈原的《國殤》，就是一首哀悼"死於國事"的將士的挽歌。挽聯是什麼時候出現的呢？據專家考證，挽聯最早見於南宋葉夢得撰《石林燕語》，書中載有宋代天文學家、藥學家蘇頌挽韓絳聯：

　　　　三登慶曆三人第
　　　　四入熙寧四輔中

"登"謂考中、及第，"人"指擔任。韓絳于仁宗慶曆年間解試、省試、殿試均為第三名，後又在神宗熙寧間為相四遷，人稱"熙寧四輔"。哲宗時封為康國公，世稱韓康公。在韓絳去世後，蘇頌概括其一生經歷撰寫了這副挽聯。

挽聯所用語彙的包容量大，寥寥數字或數十字往往要涵蓋十分豐富的內容，有的偏重死者生平，有的評述死者功績，有的褒揚死者情操，有的歌功頌德，有的傾吐心聲、告慰死者，還有諷刺批判等，語氣大多沉痛悲切。

這種對聯主要在"挽"字上下功夫，也可分為挽人聯、自挽聯、賀挽兩兼的對聯及墓祠聯。

1. 挽人聯

挽人聯可分為通用挽人聯和專用挽

通用挽人聯

通用挽人聯在內容上多為稱頌死者的恩德，抒發悲痛、思念之情。如挽男聯：

  鶴駕已隨雲影杳
  鵑聲猶帶月光寒

通用挽女聯：

  芳草清幽香滿院
  淒風苦雨哀盈門

專用挽人聯

專用挽人聯具有明顯的時代特徵，範圍很廣。社會交往中的人際關係，家庭親友中的長平幼關係，都可用挽聯表達對逝者的哀思。

瞿秋白生於江蘇常州，是著名政治家、散文作家、文學評論家，也是中國共產黨早期主要領導人之一。1935年2月在福建長汀縣被國民黨軍捕，6月18日慷慨就義，時年36歲。魯迅挽瞿秋白聯：

  是七尺男兒　生能舍己
  作千秋雄鬼　死不還家

瞿秋白之死，是十分壯烈的，所以魯迅的挽聯，化用李清照的詩句"生當作人傑，死亦為鬼雄"再現了人生的這一境界，高度評價了瞿秋白烈士敢於鬥爭、寧死不屈的精神。

瞿秋白與魯迅

張伯駒挽毛澤東聯：

  覆地翻天　紀元重開新史
  空前絕後　人物且看今朝

上聯中稱毛澤東開創中國歷史新紀元，毫不為過。下聯套毛澤東詩句"數風流人物，還看今朝"詞句，稱毛澤東為空前絕後之偉人。即便是同挽一個人，站的立場不同，內容截然不同。袁世凱，河南項城人，

北洋軍閥首領。1911年辛亥革命以後，他做了不得民心的事情，充當所謂"洪憲"皇帝。1916年6月6日，在舉國上下無比憤慨的聲討中，袁世凱憂懼而死。

馮國璋挽袁世凱，頌揚其"功德"，聯語：

　　　　為天下痛　更哭其私　一柱存亡關氣運
　　　　如四時行　成功者退　千秋華夏仰威靈

在民間，不少人寫對聯表達自己對袁世凱的憤慨，其中當時有一位文人，聲言要去北京給袁世凱送挽聯。聽他這麼一說，大家不勝驚愕，於是打開了他寫的挽聯：

　　　　袁世凱千古
　　　　中國人民萬歲

人們看了，不禁啞然失笑。那位文人一本正經地問道："笑什麼呢？"一位心直口快的先生說："你這對聯，上聯'千古'對下聯'萬歲'，倒是還可以，雖然平仄不妥，勉強通得過。問題是：'袁世凱'三個字，怎麼能和'中國人民'四個字相對？'袁世凱'怎麼對得起'中國人民'呀？"

那位寫對聯的文人說："先生說對了，袁世凱這傢伙就是'對不起'中國人民啊！"經他這麼一說，在場的眾人全都"噗嗤"笑了，個個心領神會。原來作者這麼處理，另有用意。"對不起"本指對聯形式不相對仗，可是卻含有歧義，口語中的"對不起"意即"有愧"。"袁世凱"是三個字，"中國人民"是四個字，雖然都是名詞，卻明顯不當，因此說"袁世凱"對不起"中國人民"，也就是自然之理了。

挽聯，也不乏詼諧幽默的內容。有戲挽打麻將牌友的挽聯，寫得極詼諧，聯云：

　　　　平生自號牌仙　猛回頭　隔凳不來　莫非天上三缺一？
　　　　此去若逢敵手　好手段　和盤托出　要學人間一吃三。

"鐵腿"牌仙陣陣必到，今日卻未見，眾牌友心裡咯噔一下，由疑惑而猜測，由猜測而似有所悟，詼諧中不無調侃之意。

2. 自挽聯

自挽聯就是在生前自己為自己寫的挽聯，內容多為對自己一生的評價，或是作者向親人的囑託。挽聯本應悲哀，而自挽聯多含以幽默，寓哀慟於詼諧，自挽者的悲憤、哀怨、自嘲、豁達之情便顯現出來。

　　這回來得忙　名心利心　畢竟糊塗到底
　　此番去甚好　詩債酒債　何曾虧負著誰

此為孫髯的自挽聯，孫髯是著名的昆明大觀樓長聯的作者。他雖然很有才華，卻因不滿科場"以盜賊待士"而誓不赴考，以布衣落拓一生。上聯聲言自己"來得忙"，而一直未生名心、利心，是個糊塗人，而且決心糊塗到底。下聯說自己無詩債酒債，問心無愧，可以坦蕩地"去"了。作者曠達的胸懷和超俗的人生觀，得到了充分的展現。

清人鄭板橋詩書畫三絕，不僅能夠為自己題聯做壽，還為自己寫了挽聯：

　　張長哥　李矮哥　慢慢同行　膽小休教嚇我
　　地藏王　閻羅王　粗粗相會　面狠好不驚人

對聯在愁苦中，透出豁達之情，說要去陰曹地府，與哥們兒慢慢同行。"地藏王"是佛教菩薩名。傳說佛死後，地藏王自誓，必須普度眾生，方始成佛，因身入地獄之中，救眾生苦難。粗粗相見便怕，即死亡可怕。但如此寫來，便覺詼諧。

20世紀30年代，南京有個中醫名叫葉古紅，其妻魏新綠，子女一名絳，一名青。葉的自挽聯云：

　　兩個寗馨兒　日絳日青　到頭只好由他去
　　一篇糊塗賬　是紅是綠　結算終須待你來

全家四口人的名字全帶有顏色，聯中將其巧妙寫出。

3. 賀挽兩兼的對聯

生活中總有讓人哭笑不得，喜也不是，悲也不是的事情。辦喜事的人家，突然遭遇傷心事，也非不常見。遇到這情況，有喜有悲，如何題對聯呢？請看下面一則故事。

劉鳳誥是清代著名學者，才華橫溢，詩對尤佳，被乾隆譽為"江西大器"。傳說有一戶人家選定日子為兒子辦喜事，不幸老父也在這天去世。悲喜交集的日子，半天也融不進結婚、送喪兩件事，最後請來劉鳳誥。劉鳳誥提起筆來一揮而就，聯云：

　　　　紅喜事　　白喜事　　紅白喜事
　　　　哭不得　　笑不得　　哭笑不得

既不是婚聯，又不是喪聯，有的人乾脆叫它紅白喜聯。

4. 墓祠聯

墓祠聯，屬於哀挽類的範疇，用以緬懷古人，啟迪後人，弘揚正義，鞭撻邪惡。

符姓出自姬姓，相傳黃帝降生在一條稱作"姬"的河邊，他的後代便姓姬。符姓是後稷的後代，魯頃公的孫子公雅任秦國的符璽令，他的子孫便以祖之官名符為姓。符存審為後唐名將，其九子都是著名清官，而其中三子符彥卿最為著名。符氏祠堂聯云：

　　　　虎將沉機　　卓爾登壇之將
　　　　龍門授業　　蔚然太學之英

上聯典指五代時後唐宣武節度使符存審，機智有謀略，跟隨莊宗李存勖破後梁、擊遼兵，大小百余戰，未曾失敗。下聯典指東漢浚儀人符融，在太學拜李膺為師。李膺為一時名士，被他接收，就稱為"登龍門"。

七、經久不衰的裝飾聯

時下旅遊事業蓬勃發展。到了古建築門前,你看到門上的裝飾對聯,是不是要拍照留念呢?

裝飾聯,即用於美化環境的對聯,或裝飾亭、台、樓、閣,或裝飾名勝古跡,或裝飾書房臥室,或裝飾名畫寶硯,用途極為廣泛,主要有以下幾類。

1. 名勝聯

名勝聯,指張貼、懸掛、雕刻于風景名勝處的對聯,內容大多寫該名勝景觀或者與其密切相關的人和事等,是中國獨特的文學藝術形式。始于五代,盛於明清。這類對聯往往成為名勝景觀甚至歷史文化的重要組成部分。名勝聯可分為山水園林聯、寺庵廟觀聯、殿閣亭台聯、院舍堂館聯、碑塔墓窟聯等若干類,不一而足。它為山水增色,美化了環境,陶冶了人們的情操,又成了遊人吊古憑史的場所。

名勝聯的表現手法一般比較靈活、自由、多變,經常運用各種修辭手法來狀物寫景、述志抒懷,因而結構變化比較大,奇對巧對也非常多。例如溫州江心寺有副奇聯:

　　雲朝朝朝朝朝朝朝朝散
　　潮長長長長長長長長消

這是南宋狀元王十朋寫的,他運用同音同形異義字作聯,描寫出溫州江心孤嶼那種風雲變幻、氣象萬千的景象,讀後令人心潮翻滾,久久不能平靜。

温州江心寺聯

2. 風景聯

風景聯多用於名山大川、園林別墅等地，其與名勝聯的不同之處在於，它不管採用何種手法，均不涉及人物、歷史、典故等，只是在寫景上做文章。它們描景繪物，情景交融，深蘊哲理，意境無窮。在對聯這一大家族中，風景聯是最富文學性的一類。

有山水風光聯，如杭州西湖名景"平湖秋月"處有這樣一副對聯：

　　萬頃湖平長似鏡
　　四時月好最宜秋

此聯採用了嵌字手法，句中在不同處散嵌"平湖秋月"四字，因聯句未見景外之物，只是在寫景上延伸開來，以"鏡"喻"湖"，以"秋"言"好"，空靈可愛，描繪出美好的意境。

園林是通過人工修建而成的具有山水、建築的藝術實體。由於地域的不同，園林的特點也不同，所題的對聯也大不相同。頤和園是皇家園林，乾隆題十七孔橋聯：

　　虹臥石樑　岸引長風吹不斷
　　波回蘭槳　影翻明月照還空

上聯寫站在如臥虹狀的十七孔橋上，可以感受到長風吹拂的愜意。下聯寫月夜泛舟十七孔橋下，可以從橋影中感悟到不盡的禪味。全聯生髮出風與月、動與靜等諸多意趣，描繪了令人神往的境界。

3. 名人聯

　　中華大地人傑地靈，在五千年的文明史中，湧現出許多傑出的人物，他們是中華的脊樑，民族的精英。河南淮陽城北有太昊陵，是傳說中伏羲氏的陵墓，侯麥祥題聯：

　　　　後天地而生　朱圍猶堪尋勝跡
　　　　立帝王之極　白雲常此護靈墟

乾隆題曲阜孔廟聯：

　　　　氣備四時　與天地日月鬼神合其德
　　　　教垂萬世　繼堯舜禹湯文武作之師

4. 寺廟聯

　　寺廟聯指題于寺廟道觀之中的對聯，主要用於傳達教義信念，教化信徒。中國古代信奉多神，認為玉皇大帝統領天界，財神、土地、風雲雷電神等各路神仙各司其職。於是民間遍修廟宇，題對聯。

　　土地神廟遍及全國城鄉各地，是享受民間煙火最盛的神靈之一。湖北長陽太竹園土地廟聯是：

　　　　土發黃金寶
　　　　地神白玉珍

聯首嵌入"土地"二字，對仗工穩，是五言佳聯。橫批是"吾土地也"，又屬拆合字，頗妙。

　　佛教、道教也與楹聯關係密切。在佛教寺廟對聯中，多為讚頌佛法。北京臥佛寺聯：

　　　　發菩提心印諸法如意
　　　　現壽者相度一切眾生

佛教對聯中有的強調寺廟的地理、歷史，有的寫景，有的抒情。

　　佛道本應為平等的教派，但統治者出於治理需要，多推崇佛教，而道教則屈於佛教之下。對此事不平的李漁作了一聯，題于簡寂觀老君殿：

天下名山僧占多　也該留一二奇峰　棲吾道友
　　世間好話佛說盡　誰識得五千妙論　出我先師
　　下聯的"五千妙論"，指老子所著《道德經》。此聯問世之後，也許是佛家大度，並未做出針鋒相對的回應。時至今日，佛、道兩家真正平等了。

5. 官署聯

　　官署聯多指舊社會懸於朝府縣衙等各級官府門庭的對聯，多有施政綱領的味道，類似施政演說。因官員的處世態度不同，所撰對聯內容也迥然不同。有裝點門面的，有沽名釣譽的，也有警世言志的。
　　明代哲學家王陽明每赴新任，都要以兩塊高腳牌作為行隊前導，兩塊木牌上寫著一副引人注目的對聯：
　　　　求通民情
　　　　願聞己過
　　聯語簡明、扼要，充分地表現了他的官風和政願。內鄉縣衙位於河南省南陽市內鄉縣城東大街，始建於元大德八年（1304），歷經明、清多次維修和擴建，逐漸成為一組規模宏大的官衙式建築群。是我國唯一保存最完好的縣衙，現為全國重點文物保護單位，享有"龍頭在北京，龍尾在內鄉"的美稱。
　　內鄉縣衙各門有二十餘副對聯，其中大堂楹聯：
　　　　欺人如欺天　毋自欺也
　　　　負民即負國　何忍負之
　　這副楹聯表述了官與民的辯證關係，意思是說，對不起百姓，也就如同欺負上蒼，千萬不能做這種傷天害理、自欺欺人和敗壞名聲的蠢事；辜負黎民，就辜負了國家，怎麼能忍心這樣做呢？把損害人民的利益提高到欺天負國的高度，可謂擲地有聲，對現代公務員也有廉政教育意義。
　　也有不少貪官好沽名釣譽，借官署聯，為自己臉上貼金。傳說，有一個貪官在自己大堂上寫過這樣一副對聯：
　　　　得半文天誅地滅

聽一情男盜女娼

從表面上看，這是一副絕妙的清廉衙聯，別無挑剔。實則不然，此縣衙賄賂者、說情者絡繹不絕，縣令全部"笑納"。有親近人提醒："大人，難道忘了大堂上那副對聯？"縣令說："我沒有忘啊，因為我得的不是半文，聽的也不止一情啊。"其句用了偷換概念，"半文""一情"謂之極少數——人們看到"得半文""聽一情"兩個詞句，一般以為縣令對極少數的錢，再小的情都不受理 那麼再多的錢再大的情就更不會受理了！誰知他打破"常規"思維，反向落筆，用語狡猾——除了半文錢，得多少錢也不會天誅地滅了。下聯亦同理。此聯具有濃郁的諷刺意味，多被後人當作笑話傳於世間。

6. 宅第聯

也稱廳堂聯，常用於大門、內門、後門、中堂等處，以裝飾環境、烘托氣氛，聯語以祈祝祥瑞、借物抒情、規範品德、激勵功業、閒情逸致等內容為多。因宅第聯用的時間較長，所以作這類聯時不應趨時，要具有概括性和說理性，同時，應體現出主人的性格特點。如：

好山入座清如洗
嘉樹當窗翠欲流

此聯聯語清新宜人，對仗十分工整，意境幽美，讓人有很大的想像空間。

另有鄭板橋寫的一副宅第聯：
一庭春雨瓢兒菜
滿架秋風扁豆花

本聯立意奇巧，構思怪異，作者將常見的兩種意象凝入一句之中，使讀者不禁生髮奇思妙想，一幅鮮活的農家風物圖躍然紙上，給人以美的享受。

八、特色突出的行業聯

行業聯就是指專門為某一行業或機構創作的對聯，並以此種方式來表述該行業或機構的突出特徵。這種聯語在內容上，有的顯示出某種行業的獨特性質，有的表現出行業的意義及宗旨，有的反映了勞動者的自豪情懷和高尚技藝，還有的記錄下社會的道德風貌以及社會發展史上某一階段的特徵。因其集專業性、唯一性、針對性等特點於一身，故被廣泛應用於各行業。

1. 酒館聯

中國自古有堪稱發達的造酒業，不僅釀造了譽滿中外的名酒，而且造就了聞名百代的酒仙，凝成了無比豐富、聞名中外的酒文化。古代稱造酒的為酒人、酒翁，掌管酒政的稱酒士、酒丞、酒務，賣酒的場所稱酒坊、酒家、酒市。千百年來，不知醉倒了多少文人墨客，酒館聯自然也受到中國酒文化的影響。從《詩經》以來，酒和詩就結下了不解之緣，酒後高歌"鬥酒詩百篇"，簡直是無酒不成詩。

招攬顧客，就得做廣告，誇耀本店酒好名氣大。古代行銷手段沒有現在多，用對聯做宣傳是比較常用的方法。常用的方法之一是借古代名酒之名為喻，《邵氏見聞錄》載，安定郡王以黃柑釀酒，名"洞庭春色"，《佩楚軒客談》載"玉井秋香"酒味醇厚。於是有的就以這八個字相對成聯，有的稍加增益：

　　貯有黃嬌　留住洞庭春色
　　餉來紅友　喜聞玉井秋香

黃嬌是酒的別名，紅友本指濁酒、薄酒，這裡也用為酒的別名。晉代有酒名竹葉，唐杜牧有"牧童遙指杏花村"的詩句，酒家於是以竹葉、杏花對偶成聯。有一酒館聯這樣寫道：

　　酌來竹葉凝杯綠
　　飲罷杏花上臉來

此聯對仗工巧，"竹葉"酒、"杏花"腮，如此形象、新奇，可見作者用詞之獨到，見情見智，明麗雋永。

2. 茶館聯

中國是茶的故鄉，有著濃郁的茶文化。在我國，凡是有"以茶聯誼"的場所，諸如茶館、茶樓、茶亭、茶座等的門庭或石柱上，或茶道、茶禮、茶藝表演的廳堂內，往往可以看到以茶為題材的對聯和匾額，既美化了環境、增強文化氣息，又增進了品茗情趣。

相傳，宋代大詩人蘇東坡有一次外遊，來到一座廟中小憩，廟裡主事的老道見他衣著簡樸，不像是大家門戶，便冷冷地應酬道"坐"，又對道童說"茶"。待蘇東坡坐下交談後，老道方覺得客人才學過人，來歷不凡，又把東坡引至廂房中，客氣地說道："請坐"，並對道童說："敬茶"。二人經過深入交談，老道才知道來客是著名的大詩人蘇東坡，頓時肅然起敬，連忙作揖說道："請上座"，把東坡讓進客廳，並吩咐道童："敬香茶"。蘇東坡在客廳休息片刻，欲告別老道離去。老道忙請蘇東坡題寫對聯留念。東坡淡然一笑，揮筆寫道：

　　坐　請坐　請上座
　　茶　敬茶　敬香茶

老道看罷，頓感面紅耳赤，羞愧不已。茶和戲有著不解之源，清代鐘祖芬為茶社題聯：

　　忙什麼　喝我這雀舌茶　百文一碗
　　走哪裡　聽他擺龍門陣　再飲三盅

這副對聯表明他喝得入迷，聽得也開心。

3. 醫藥聯

醫藥聯指宣傳藥物性能、醫道醫德方面的對聯。有的以藥名成趣，有的則直抒胸臆；有的轉類，有的嵌字，有的諧音，有的擬聲，手法不同，形式各異，各具千秋。

與藥店聯相關的是中藥聯，中藥聯要求以藥名成對，意在造成一種奇趣和意境。因中草藥種類繁多，藥名五花八門，且多含雙關語意，故近代多有佳作流傳於世。如：

　　梔子牽牛犁熟地
　　靈芝背母入常山

全聯用六種藥名成對，每種為一個成語，"背母"即"貝母"，"常山"既是藥名又是縣名，聯中只綴入"犁""入"二字作為謂語，組成兩個擬人化的生動句子，"梔子""靈芝"做了擬人化處理，對仗工整，平仄無差。

百草堂，傳說是杜甫在湖北沙頭鎮開設的藥鋪。他一生不得志，憂國憂民，心情壓抑，當年 57 歲了，只好開藥鋪求生計以度殘年。百草堂聯曰：

　　獨活靈芝草
　　當歸何首烏

這聯的奇趣之處，在於字面上全是藥名，而其內涵卻別有一番深思和沉著！這副對聯，就是一代詩聖當時心境的寫照：雖然報國無門，但我仍要像能治百病的靈草那樣，頑強地獨自活下去，為民眾的疾苦呼號；終身漂泊，如今頭髮已由黑轉白，是該找個定居之所了。

近代，人們將醫藥聯演化，顯得更巧：

　　神州到處有親人　不論生地熟地
　　春風來時盡著花　但聞藿香木香

此聯立意高妙，上聯巧用"生地""熟地"二味中藥，自然貼切；下聯意為藥店百草飄香，藥到病除。聯語親切可愛，順理成章。

為答謝大夫治好病，病人們有時候送錦旗、匾額等。旗、匾之上常常繡有稱讚其藝術高明的聯語，以名醫扁鵲、華佗、張仲景等人為喻：

　　綠水青山　華佗有術
　　春風楊柳　扁鵲再生

辨證論治　效法張仲景
　　救死扶傷　學習白求恩
　　在漫長的歷史進程中，中國醫藥積累起豐富的經驗，形成了獨特的理論體系，採用了一整套獨用的術語。為了便於傳授，有些醫藥聯偶爾用一些通俗的術語作為點綴：
　　藥以四時分表里
　　脈從六部辨沉浮
　　望聞問切　對症治療施妙手
　　膏丹丸散　秘方酌配可回春
　　行醫用藥　堅持兩分法
　　崇德精術　更上一層樓

4. 理髮店聯

　　1847 年，太平天國還沒有形成勢力。李廣彩在廣西貴縣開理髮鋪，以作為同伴的聯絡站，開張那天，馮雲山題了副對聯：
　　磨礪以須　天下有頭皆可剃
　　及鋒而試　世間妙手等閒看
　　石達開看了，說：前一句很有氣魄，後一句則太平淡，似乎頭重腳輕。馮雲山即請石修改。石達開沉思一會兒，提筆改為：
　　磨礪以須　問天下頭顱有幾
　　及鋒而試　看老夫手段如何
　　這一改表面上看仍是說理髮，而實際上卻把那種橫刀躍馬，誓要砸爛舊世界的革命氣概，活靈活現地寫進對聯中了。

5. 戲臺聯

戲臺聯語多蘊含戲理和人生哲理，集文學與戲曲藝術為一體。

清朝乾隆皇帝一次與大臣們看戲，見戲臺上缺少對聯，就要求在場的群臣，每人寫一副戲臺聯。一位大臣很快寫出：

　　按律呂　點破炎涼世態
　　借衣冠　描盡古今人情

乾隆一聽，覺得太文雅了，不通俗，要求再寫。隨後寫出幾副，乾隆都不滿意，於是自己沉吟思索，不一會兒，他朗聲吟道：

　　三五人可作千軍萬馬

但是，下聯卻想不出來，正焦急之中，宰相劉羅鍋（劉墉）對道：

　　六七步走遍四海五洲

乾隆喜之不盡，隨即命人寫好，貼於戲臺兩邊柱上。

時至今日，新的"行業"層出不窮，行業聯也有了新的發展和變化。對聯作者不但經常要參加各種商業征聯，而且常應邀為新的企業、店鋪題聯，更以其新穎的立意，奇巧的構思，洋溢著新生活的氣息，散發著新時代的芳香。

九、筆底生花的文苑聯

文苑聯有較濃的文學色彩，內容往往富有深刻的哲理，評人論文、闡理述志、醒目動人，成為人們樂於稱道的格言名句，富有思想啟發意義。這類對聯一般包括以下幾類。

1. 題贈聯

題贈聯是人們在社會交際和友誼中為了表示敬仰、讚頌、懷念、祝賀、勉勵等意思而題寫贈送的對聯。其內容多屬自勉、共勉、治學、警世、言志等方面，一般帶有讚頌、祝願、勸勉等性質。題贈聯有兩種形式：一種是題寫在條幅、禮品、匾額、書籍上的書面文字形式；另一種是口頭語言形式，即在交談過程中即興口頭贈答的。

根據題贈物件的不同，題贈聯一般可分為題長輩聯、題同輩聯、題晚輩聯等。

明代開國皇帝朱元璋稱帝后，向輔佐其創立帝業的劉基贈聯：

　　扇寫江山　握一統乾坤在手
　　枕耽典籍　與許多聖賢並頭

上聯寫劉基對一統乾坤有功，下聯鼓勵劉基在文治方面再立新功。此聯也算作上下級的對聯了。

作為下級的劉基贈答朱元璋聯：

雷為戰鼓電為旗　風雲際會
　　天作棋盤星作子　日月爭光

此聯頌揚朱元璋開創了明朝盛世。

朋友之間、同輩之間的贈聯最多，內容多為抒發真摯感情，或讚頌友情親情，或頌揚受贈者，或勸勉鼓勵。

鄭板橋贈友人、文學家袁枚聯：

　　家藏美妾人稱豔
　　君有奇才我不貧

上聯並不是實指，而是說袁枚家藏書很多，像家有美妾一樣令人羨慕。下聯稱讚朋友的八門之才，"君有奇才我不貧"指的是你的才學就是我的才學。對聯的字裡行間流露出二人的親密友情。

朋友間題贈的對聯還很多，如龔自珍贈魏源聯：

　　讀萬卷書　行萬里路
　　綜一代典　成一家言

聯語應用疊字手法，巧用"萬""一"二字，更巧在立意。上聯是熟語，並不驚人。下聯峰迴路轉，從"萬"的悠然回到"一"上，有石破天驚、氣魄崩雲之感。

長輩題晚輩對聯，多是自己生命和希望的延續。當代畫家吳子複贈弟子聯：

　　若言創法先違法
　　有道承師後遠師

全聯是對弟子的教誨、希望。

夫妻之間的贈聯，語言精練，感情真摯。如郭沫若贈於立群聯：

　　摧翻經石峪
　　壓倒逍遙樓

經石峪在泰山，其《金剛經》刻石，字經 50 釐米左右，歷代尊為"大字鼻祖"。"逍遙樓"三字為唐顏真卿書，在四川梓潼 字大一尺五（合 50 釐米）。聯語對於立群練習榜書大字給予高度肯定。

2. 自勉聯

中國人識禮儀、懂自勉，以自勉為修身之妙方。古往今來，一些文人、達官、學者等多好此道，寫出了許多自勉佳聯，內容多為警策自己的格言警句，激勵自己奮發向上。自勉聯含義不僅在於自勉，更能夠勉人。如出自佚名《警世賢文·勤奮篇》的名聯：

　　寶劍鋒從磨礪出
　　梅花香自苦寒來

聯句以"寶劍"對"梅花"，一金一木，一剛一柔，形成對句，寶劍的鋒刃是由人磨礪而出，梅花的幽香是忍受了嚴寒而生，言及兩種平常的事理，卻道出了人生、事業之艱辛。以物喻人，風格獨特，極富哲理，感人至深，使讀者深受啟發。

明代海瑞曾自擬聯：

　　幹家國事
　　讀聖賢書

此聯寥寥八字，言簡意賅，把他以報效國家為己任，以歷代聖賢為己師的胸懷表現得淋漓盡致。

蒲松齡，清代著名小說家。蒲松齡天資聰明，學問深厚，從小熱衷功名，十九歲時連中縣、府、道三個第一，名震一時。但此後屢應省試不第，年七十一，才被補上貢生，四年後就去世了。蒲松齡在落第時曾撰寫了一副自勉聯，刻在銅鎮紙上作座右銘：

　　有志者　事竟成　破釜沉舟　百二秦關終屬楚
　　苦心人　天不負　臥薪嚐膽　三千越甲可吞吳

這副對聯，引用了項羽破釜沉舟大破秦兵和越王勾踐臥薪嚐膽滅吳雪恥的典故，表達了他不達目的誓不甘休的決心。正是在這種精神的激勵和鞭策下，蒲松齡曆二十餘個寒暑，廣泛收集民間傳說和神話故事，精心選擇、整理、加工、潤色，四十歲那年，終於創作出了我國第一部文言短篇小說集《聊齋志異》。

老舍自題聯：

付出九牛二虎力

不作七拼八湊文

此聯講作者的作文原則，也是講作家的職業道德，寫作必須以對讀者負責的精神，付出九牛二虎之力，決不七拼八湊糊弄人。

3. 治學聯

治學聯多為文人所作，猶如座右銘，或懸於壁室，或題於書中，表明治學心境和立學態度。

在學校的牆壁上，常看到這副對聯：

書山有路勤為徑

學海無涯苦作舟

此句出自著名文學家，唐宋八大家之首的韓愈，是其治學名言，旨在鼓勵人們多讀書。在讀書、學習的道路上，沒有捷徑可走，也沒有順風船可駛。如果你想要在廣博的書山、學海中汲取更多更廣的知識，"勤奮"和"刻苦"是兩個必不可少的條件。該聯作為座右銘激勵了一代又一代的年輕人：學習上哪怕不聰明，只要勤奮，就會有所收穫，走向成功。

著名史學家范文瀾的自擬治學之聯，被傳為學術界的佳話：

板凳要坐十年冷

文章不寫一句空

前句講搞學術研究要耐得住寂寞，後句講學術研究要聯繫實際。

4. 書齋聯

文人墨客喜歡在自己的書房懸掛一副對聯，或自勉，或抒情，或明志，這種聯稱為書齋聯。書齋聯多以文采見長，在內容上與廳堂聯有所區別。明朝東林黨領袖顧憲成所撰、懸于無錫東林書院的千古名聯：

風聲雨聲讀書聲　聲聲入耳

家事國事天下事　事事關心

上聯將讀書聲和風雨聲融為一體，既有詩意，又有深意；下聯暗含了作者有齊家治國平天下的雄心壯志。這副對聯常用來表示讀書人對國事民生的關切。讀書應不忘救國，抱著"以天下為己任"的大志。

東林書院名聯

5. 警世聯

古人常用語言組成對聯以警示世人，言簡意賅，這種對聯稱為警世聯。

清代詩人姚元之作了一副聯：

　　發上等願　享下等福
　　擇高處立　向寬處行

上聯的意思是，人要有遠大的志向，功成名就後不該貪圖享受。下聯的意思是，人生要有高起點，為人處世要寬厚，與人和諧相處。此聯顯示出作者深厚的人生修養，情操高雅，實屬難得之勵志名聯。

革命烈士李甲穗曾經寫過這樣一副對聯：

　　吃苦是良圖　做苦事　用苦心　費苦勁　苦境終成樂境
　　偷閒非善策　說閒話　好閒遊　做閒事　閒人就是廢人

此聯是對人生經驗的總括，富有生活哲理，上聯連用五個"苦"字，最後以"樂"字透出；下聯連用五個"閒"字，最後推出一個"廢"字，用心獨到，說明人世間苦盡甘來、光陰難買的深刻道理。

文苑聯思想境界和藝術境界比較高，是對聯藝術的明珠，將進一步啟迪、激勵、教育人們不懈追求社會主義文明。

十、妙趣橫生的雜聯

對聯的分類比較複雜，且沒有統一的標準。人們將一些不常用的、數量不多的對聯歸為雜聯類，主要包括以下內容：

1. 諷刺聯

在浩如煙海的聯語中，諷刺聯以它獨特的風格和奇異的魅力，深受人們喜愛。它或嬉笑怒罵，或批評規勸，往往使人讀後有諸多感受，或捧腹大笑，或目瞪口呆，或如鯁在喉，或芒刺在背，心境不同，感受不一。

古往今來，這類含有諷刺與幽默的對聯有不少。古時，有一個叫吳奇才的知縣，愛財如命。一年春天，有好事者在他門口貼了一副對聯，寫道：

奇術也無雙　牛角攀攀輕四兩
才能君第一　雞蛋摸摸少三分

聯語用先揚後抑、欲擒故縱的筆法，遣詞幽默，用語自然，把知縣貪財眼紅、揩油手長的醜態揭露得體無完膚。

新中國成立後，雖然進行了"三反""五反"運動，但是不可能一下子將官僚思想肅清，官僚主義、開後門等不正之風仍然存在，有些對聯就揭露、批判了這些腐敗現象和醜惡作風。如：

一杯茶　一支煙　一張報紙混半天　一篇空話算一天
凡事糊　凡事推　凡是文件畫個圈　凡是工作不沾邊

橫批：

　　以混為綱

這是當時任國家體委顧問的榮高棠批評某些無所用心的幹部的一副對聯，幽默地嘲弄了幹部隊伍中的官僚主義現象，對今天的幹部仍有警示意義。

2. 謎語聯

謎語，是我國一種民間藝術形式，主要有物謎和字謎兩大類。將謎面化入對聯之中，在字面上造成一種意境，便成了謎語聯。這樣的對聯，趣味性、娛樂性、知識性、宣傳性兼具，雖實用性不及其他類聯，但仍有一些好謎聯也備受喜愛，世代相傳。如：

　　明月半依雲腳下

　　殘花雙落馬蹄前

這是一副字謎聯，謎底是"熊"字。本對聯將對聯與謎語兩種文學語言藝術的特點融為一體，把文字的筆劃、結構巧妙地藏進聯語內，趣味盎然，對仗工整，儼然一副美妙的風景佳聯。

清代文學家紀曉嵐在一次燈節時，在宮燈上寫了一副謎聯：

　　黑不是　白不是　紅黃更不是　和狐狼貓狗仿佛　既非家畜　又非野獸

　　詩也有　詞也有　論語上也有　對東南西北模糊　雖是短品　也是妙文

乾隆皇帝和大臣們猜來猜去，就是猜不著，最後還是紀曉嵐說出謎底：上聯是一個"猜"字，下聯是一個"謎"字。

下面一副對聯的謎底和老百姓的生活息息相關：

　　一口能吞二泉三江四海五湖水

　　孤膽敢入十方百姓千家萬戶門

能猜出謎底嗎？熱水瓶？對了！看，上面這副謎聯描述得多真切呀！

3. 應答聯

應答聯多為即興而發，多由兩人對答而得，或調侃，或相謔，或傳情，

應用範圍很廣，名聯佳作比比皆是。據說乾隆年間，有一次會試，陝西人王某奪得榜首，學子們有些不服氣，

於是他們決定出題難為他，想借此揶揄他一番，最後出了一個上聯：

泰岱千峰　孔子聖　孟子賢　自古文章傳東魯

那王某也不是等閒之輩，他見上聯大書特書山東人物，於是便揮筆對道：

黃河九曲　文王謀　武王烈　歷代道統出西秦

下聯針鋒相對，黃河對泰岱，以文王、武王對孔子、孟子，勢均力敵，有理有據，令人難以辯駁。

4. 巧對聯

巧對聯出句往往比較刁鑽、險奇，難度較大。自古以來，文人墨客多以巧對炫耀自己，流於文字遊戲，但其中也不乏妙筆佳句。清朝時，湖南臨湘名士吳獬去友人家拜訪。午間入席，吳獬覺肉湯味稍淡，

主人命謝姓書童去廚房取鹽。吳即出句：

要加鹽　謝書童抽身去討

此句拆一"謝"字，即景敘事，極其工巧。加入鹽後，吳獬狼吞虎嚥，喝湯不止。這一舉動陡然撥動書童的心弦，書童答出下聯：

待擺湯　吳學士倒口便吞

"吳"字拆為"口天"，顛倒後便是一個"吞"字。對句和諧自然，滿座賓客無不驚服書童敏捷的才思。

北宋史學家劉攽曾與司馬光共同編修《資治通鑒》，一次宰相王安石有意為難劉攽，即出上聯：

三代夏商周

不料劉攽未被難住，反而巧妙地對出下聯：

四詩風雅頌

對句即不能言三，又必須嵌入三個字以出對，當然難度很大，巧在劉艘從《詩經》分類中找到靈感。風雅頌中的雅又分大雅、小雅，故稱四詩。雅是對大雅、小雅的濃縮，但不失其意，乃絕妙之筆。

1953 年，中國科學院組織出國考察團。旅途中，科學家們談古論今，情趣盎然。著名數學家華羅庚即景生情，提出一句上聯，求下聯：

  三強韓趙魏

這裡"三強"說的是戰國時期韓、趙、魏三個強國，卻又隱喻著代表團團長錢三強的名字，一時無人應對。華羅庚見大家都不言語，他又念了一句下聯：

  九章勾股弦

其話音剛落，滿座稱絕。《九章算術》是我國古代著名的數學著作，這本書記載了我國數學所發現的畢氏定理。可是，這裡的"九章"又恰好是代表團另一位成員大氣物理學家趙九章同志的名字。真是天成之趣，巧妙至極。

5. 應徵聯

也叫"征聯""半聯"，廣義上講，即一方懸出上句，一方作出對句，合成的對聯即為征聯，一般多指團體或個人，為慶祝節日、弘揚精神或宣傳產品，懸以難聯，通過新聞媒介出上聯，向社會徵集下聯。征聯極具社會性，至於個人之間的私下邀聯，則不屬征聯的範疇。

1909 年，香港《中國日報》刊登征聯啟事，據說出句由著名革命党人朱執信所撰，即：

  未離乳臭先排漢

字面意為：小孩子還未去掉乳臭味，就開始出漢（諧音汗）了。雙關意則是：年僅 3 歲的溥儀登基，攝政王載灃等實行排斥漢人的主張。

很快收到應徵下聯數萬條，應徵入選的有：

  橫掃膻腥獨立旗
  一洗辮汙大革新

甯使身糜不帝秦

……

經過最終評審，香港的劉一偉獲第一名，所對之句為：

將到長毛又剪清

妙在也是雙關。"長毛"表面指毛髮變長，實際指太平軍（清廷蔑稱起義農民為長毛）。"剪清"表面指修剪清理，實際指剪除推翻清朝統治者。此聯對仗精工，尤以"漢""清"兩字，均是朝代名，又可另解，妙絕。

另外，雕刻、燙鍍、澆鑄在各種日用器皿上的對聯稱器皿聯。硯臺、墨盒、鎮紙、筆管、茶壺、酒杯、香爐上常題有對聯。還有人在名片上印上對聯，代替官銜職務，更顯儒雅之風，成了別具風格的名片聯。

第三編　對聯賞析

　　對聯與日常生活息息相關，瞭解對聯常識術語，具備一定的賞析能力，不僅有利於自我修為，還能增進親友之間的交流。

一、對聯術語解析

三百六十行，行行有行話。這裡的行話就是行業術語。行業術語是相對日常用語而言的，指特定領域對一些特定事物統一的業內稱謂，一般指的某一行業的專有名稱，大多數情況為該領域的專業人士所熟知。

對聯作為國粹、文苑裡的一枝奇葩，流傳千年，也形成了一套完整的"行話"，為了便於理解和與人溝通，現將常見的對聯術語做以下解釋。

上聯，又稱出句、上支、上比、對公、對頭等，一副對聯由兩段相對稱的文字構成，其中第一段文字就叫上聯。如清代楹聯名家彭元瑞自題京邸春聯云：

　　門心皆水
　　物我同春

這"門心皆水"就叫上聯。

從形式上來看，橫寫，上聯在上，下聯在下；豎寫，上聯在右，下聯在左。一行可寫完的對聯寫在紙的正中；一行寫不完的，格式是：上聯從右至左，下聯從左至右，使上下聯字的排列對稱。

出句，也叫出邊，指說出或寫出來令人應對的句子，一般指上聯，但須根據收尾字平仄聲來判斷，有時也以"下聯"為出句。

下聯，又稱對句、下支、下比、對母、對尾等，對聯的後半部分。古人稱後為下，故對聯中後書的部分為下聯。下聯一般以平聲字結尾。下聯的位置，應在讀者所面對方向的左側。

凡須要對偶的文學作品包括詩、賦、詞、曲、駢文中的一個完整的對偶句叫作一聯或全聯，包括上聯、下聯兩段相對稱的文字。全聯也叫"上下聯"，呂雲彪《楹聯作法》："全聯之平仄，須處處調和順達。"

半聯，半副對聯，指只有上聯或只有下聯。之所以會出現半聯留存於世，一是由於年代久遠，另半副湮滅無聞；二是本身不容易對得上對句，從而形成所謂的"絕對"。

橫批亦稱橫額、橫幅、橫疋、橫頭等，除挽聯一般不用以外，其他對聯常用。橫額多高度概括聯語內容。但也有不少建築物或景色是名字用稱作橫批的，如"清扛亭""鎮海樓""斷橋殘雪"等。

單聯有兩層意思，一是指半聯（上聯，或下聯）；二是指與套聯相對，稱一副聯為單聯。常江《中國對聯譚概》："上聯（出句）、下聯（對句）合為一聯，表述一個完整的意思，可稱之'單聯'。"

套聯是指由兩副以上對聯組成的內容相關、字數相等、同時用於同地的一組對聯。這是對聯特殊的現象，比較少見。常江《中國對聯譚概》："在某些情況下，作者難以用一副對聯把意思說完，不得不同時創作兩副或兩副以上的單聯。我把這種現象叫作'套聯'。"

支，一副對聯可分為兩支，上聯稱上支，下聯稱下支。就其來歷，取意於河流，一源分流曰支。《新唐書·驃國傳》："海行五日，至佛代國，有江，支流三百六十。"由此衍生為對聯的"支"。

比，本指並列部分，在對聯術語中，亦可表示為"支"，即上聯或下聯。副，可以表示的意義很多，在對聯中，上、下聯合稱"一副對聯"。古時表為"幅"，因"幅"之意常表單數，現已不用。

言，即字。詩體的"言"以每一句的字數計算，如五言、七言……對聯以半聯的字數計算，如"月色如故，江流有聲"為四言。張元濟賀康有為 60 壽誕的壽聯："形其量者滄海，何以壽之名山"是六言聯。但長聯一般稱字而不論言，如昆明大觀樓長聯稱百八十字聯，而不稱九十言聯。

虛額，不直書地名，或用典，或擬景，較具文采的橫額，如《紅樓夢》中的"有鳳來儀""杏簾在望"。

實額，直書地名、店名的橫額，如"鸛雀樓""同仁堂"。

正對，對聯中最常見的形式，主要是由並列關係構成，上下聯內容須相關，聯內所用字詞亦須工整相對，如"松竹梅歲寒三友，桃李杏春風一家"。但是內容不可以完全相同，同義的實詞不可相對。

反對，指上下聯意思相反，形成鮮明對比的對聯。如："破千年舊俗，立一代新風"。

串對，亦稱"流水對"，就是一個意思分兩句來說，上下聯獨立起來都無意義，或是意義不全。所以上下聯一般都有因果、連貫、遞進、條件、假設等關係。

工對，又叫嚴式，它要求以同類的名詞相對，類別越精細，聯則越工。凡以同類詞、近類詞或詞性相同的聯綿詞相對的，都叫工對。古時的工對要求極嚴格，現代有所放寬。平仄相對，只需大類相對，句式結構大致相應即可。寬對也不是無限地寬，通常要求做到上下聯句讀相同，字數相等，語意流暢。"風調雨順，人壽年豐""一門五福，三多九如"即為工對。

回文對，回文也寫作"回紋"，又稱"回環"，是講究詞序可回環往復的一種修辭方法，以趣味性為重。回文聯有三種不同的寫法：一是上聯倒轉作下聯。如：

人中柳如是　是如柳中人

風送花香紅滿地　地滿紅香花送風

二是上下聯順逆同一。如：

北陵奇景奇陵北　南塔新奇新塔南

三是上下聯顛倒互換法。如：

禽鳴聽耳悅　鯉躍視神怡

亦可讀為"怡神視躍鯉，悅耳聽鳴禽"。

絕對，對聯的一種。一種是表面看去只有上聯，無下聯，實際順念倒念均可自成一對聯。如"居然天上客"（倒念為"客上天然居"）。一種是只有上聯，下聯無人對出者，如"畫上荷花和尚畫"。

合掌對，上聯與下聯完全同義或基本上同義，此為作聯的大忌，即"合掌對"。如：

長空展翅

廣宇翔雲

廣宇，就是長空；翔雲就是展翅。下聯的意思完全是重複上聯的。這樣，八個字中，四個字就算白用了。

二、對聯特點

對聯作為歷史悠久的獨立文體,有著自身規律和定則。中國楹聯學會於 2008 年 10 月 1 日起施行的《聯律通則》(修訂稿)中就規範性地總結出了對聯特點,總結起來有以下幾點:

1. 上下聯字句對等

一副對聯,無論是短聯還是長聯,上下聯句數相等,對應語句的字數也相等,這是對聯的基本規則。

對聯的上下聯之間,尤其是其中對應的地方,一般不用重複的字。但對聯中允許出現疊字或重字,疊字與重字是對聯中常用的修辭手法,只是在重疊時要注意上下聯要相一致,但對聯中應儘量避免"異位重字"和"同位重字"。所謂異位重字,就是同一個字出現在上下聯不同的位置;同位重字,就是以同一個字在上下聯同一個位置相對。不過,有些虛詞的同位重字是允許的,如杭州西湖葛嶺聯:

桃花流水之曲
綠蔭芳草之間

上下聯"之"字同位重複,但因為是虛字,所以是可以的。不過,有一種比較特殊的"異位互重"格式是允許的(稱為"換位格"),如林森挽孫中山先生聯:

一人千古
千古一人

2. 詞性對品

詞性即詞的特點，同詞性即同一特點的詞類。在現代漢語中，詞有兩大類，即實詞和虛詞。前者包括：名詞（含方位詞）、動詞、形容詞（含顏色詞）、數詞、量詞、代詞六類。後者包括：副詞、介詞、連詞、助詞、嘆詞、象聲詞六類。上下聯句法結構中處於相同位置的詞，或詞類屬性相同，或符合傳統的對仗種類。對聯要求對仗，對仗要求相對應的詞（片語）性質必須一致，這是對聯的首要規則。古人云："實對實，虛對虛"。如勵勉聯：

海闊憑魚躍
天高任鳥飛

聯中，"海""天"均為名詞，"闊""高"均為形容詞，"憑""任"均為副詞，"魚""鳥"均為名詞，"躍""飛"均為動詞。

3. 語法結構對應

上下聯詞語的構成、詞義的配合、詞序的排列、虛詞的使用，以及修辭的運用，合乎規律或習慣，彼此對應。也就是要求上下聯的詞結構、短語結構、句法結構必須對應。詞和短語的構成方式主要有：主謂結構、動賓結構、並列（聯合）結構、偏正結構、動補結構、聯動結構等。句法結構的主要成分有：主語、謂語、賓語、定語、狀語、補語，不管是單句型還是多句型，其句法結構必須對應。

下面舉清朝薛慰農《秦淮河水閣對聯》的例子，分析一下對應的情況：

六朝金粉（偏正關係），十裡笙歌（偏正關係），裙屐昔年遊（主謂關係），最難忘北國豪情西園雅集（動賓——聯合賓語）；
九曲清波（偏正關係），一簾夢影（偏正關係），樓臺依舊好（主謂關係），且消受東山絲竹南部煙花（動賓——聯合賓語）。

由以上分析看出，上下聯對應的詞性相同，結構一致，產生了一種勻稱和整齊的美感。

但在詞性相當的情況下，有些較為近似或較為特殊的句式結構，其要求可以適當放寬。

4. 節律對拍

節律對拍，即上下聯停頓的地方必須一致。"語流"，是指語言的流動，既是流動，就有聲律節奏。對聯的聲律節奏，一般按"二字而節"。四言聯往往是"二/二"節律：

　　淡泊/明志
　　寧靜/致遠

五言聯往往是"二/二/一"節律：

　　萬紫/千紅/地
　　花團/錦簇/天

六言聯多為"二/二/二"節律：

　　冬去/山明/水秀
　　春來/鳥語/花香

七言聯的節律複雜多變，主要是"二/二/二/一"。

　　心無/俗慮/精神/爽
　　室有/清淡/智慧/開

出現單字，可占一節。如合肥包公祠聯：

　　凡/吾輩/做官　須帶/幾分/骨氣
　　謁/先生/遺像　如親/三代/典型

此聯第一分句的"凡"和"謁"為單字，亦占一節，其平仄與下文音步相交替。

如果聯語中出現不宜拆分的三字以上的詞語，可以按語意節奏確定節奏點，其節奏點均在最後一字。

如劉銘傳題獅球嶺古隧道聯：

　　十五年/生面/獨開　羽轂/飆輪　從此/康莊/通海嶼
　　三百丈/岩腰/新辟　天梯/石棧　居然/人力/勝天公

此聯的節奏點如標示，因按語意節奏定音步，所以上下聯的尾三字應作一個音步。

5. 對句平仄相諧

平仄是聲調的再分類。古代漢語聲調分"平上去入"四聲,第一聲為平聲,"上""去""入"三聲為仄聲。發展到現代漢語普通話,成了陰平、陽平、上聲、去聲四個聲調,第一、二聲為平聲,第三、四聲為仄聲。現代漢語普通話沒有入聲,古漢語的一些入聲字(約兩百多字)在現代漢語普通話中已變為平聲字,這一點應當引起大家的注意。

在對聯中,運用平仄規律,主要表現在兩方面:一是每一聯中各字之間平仄的安排應是有規則地交替,不能連續幾個字都是平聲或仄聲,一般說常常兩個音節一轉換;二是上下聯之間,對應的音節,一般應該平仄相對。這樣吟誦起來,抑揚頓挫,節奏鮮明,和諧悅耳。

如南昌滕王閣聯平仄關係如下:

　　依然極浦遙天,想見閣中帝子;
　　(平平仄仄平平,仄仄平平仄仄)
　　安得長風巨浪,送來江上才人。
　　(仄仄平平仄仄,平平仄仄平平)

平仄相諧包括兩個方面:

上下聯平仄相反。一般不要求字字相反,但應注意:上下聯尾字(聯腳)

南昌滕王閣

平仄應相反,並且上聯為仄,下聯為平;片語末字或者節奏點上的字應平仄相反;長聯中上下聯每個分句的尾字(句腳)應平仄相反。

　　上下聯各自句內平仄交替。當代聯家餘德泉總結了一套"馬蹄韻"規則,即"平平仄仄平平仄仄"不斷交替重複,猶如馬蹄的節奏。

6. 語意相關

　　上面說到的字數相等、詞性相當、結構相同、節奏相應和平仄相諧等都是"對",還差一個"聯"。任何一種對偶形式的對聯,其意脈必須是相通的,這樣的兩句才不是生拉硬扯湊在一起的,"聯"成一個和諧統一的整體,組成一副真正意義上的對聯。

　　最後可以用民間有一則關於春聯的謎語形象地總結對聯特點:"兩姊妹,一般長,同打扮,各梳妝,滿臉紅光,年年報吉祥。"謎語對對聯的字數"一般長"和結構特點"同打扮,各梳妝"及內容相連等特點都活靈活現地展示出來。

三、豐富多樣的修辭手法

"修辭",最早見於《周易·乾·文言》:"修辭立其誠,所以居業也"。"修"是修飾的意思,"辭"的本來意思是辯論的言辭,後引申為一切的言辭。修辭本義就是修飾言論,也就是在使用語言的過程中,利用多種語言手段,以收到盡可能好的表達效果。

漢語在長期的發展過程中,形成了一整套的修辭理論和修辭方法。就對聯來說,對偶本身就屬於漢語修辭手法的一種。除此而外,對聯中常用的修辭手法,還有以下幾種。

1. 比喻

比喻就是"打比方"。即把抽象的、人們不熟悉的、特點不鮮明的事物化為具體、熟悉、特點鮮明的事物。比喻分為明喻、隱喻和借喻三種。

明喻

明喻有本體和喻體,並且以"如""像""似""若"等聯繫詞連接本體和喻體的修辭手法。如紀曉嵐所撰對聯曰:

　　浮沉宦海為鷗鳥
　　生死書叢似蠹魚

紀曉嵐故居

上聯寫他的從政經歷，下聯寫他的治學生涯。我們透過"鷗鳥""蠹魚"形象生動的比喻，對其從政坎坷、仕途起伏、治學嚴謹刻苦有了更清楚的瞭解。類似的聯語還有"福如東海，壽比南山""學如逆水行舟，不進則退；心似平原走馬，易放難收"等。

隱喻

有本體、喻體出現，而沒有比喻詞出現，只是用其他結構把兩者聯繫起來構成比喻，稱為暗喻。這種比喻手法，在對聯中應用更多。一般來講，在對聯中應用隱喻，比起應用明喻來，更顯得曲折、婉轉、耐人尋味一些，藝術效果更好一些。例如：

近嶺遙山鋪鶴氅
千條萬樹盡梨花

這是松花江"賞雪亭"的一副對聯。本體是雪中的"近嶺遙山"和"千條萬樹"，喻體是"鶴氅"和"梨花"，中間沒有比喻詞。這種不直接說"是""像"之類的字眼的隱喻，就不顯得直露、簡單，而給人以聯想的餘地。

借喻

借喻是借某種事物來做比喻。借喻不出現本體，只出現喻體。借喻的喻體與本體有內在的某種相似。請看鄭板橋寫的一副對聯：

　　虛心竹有低頭葉
　　傲雪梅無仰面針

這副對聯就運用了借喻修辭手法，全聯以物喻人，表達謙虛精神和誠懇態度。

比喻在對聯中的應用，除了以上三種基本手法，還有多種多樣的變化方式，如反面設喻、反復設喻、迂回設喻、喻中有比等。

2. 比擬

比擬就是把人或物異化，即把物當人來寫（擬人）或把人當物來寫（擬物），把此物當彼物來寫（擬物），可以讓讀者展開想像的翅膀，捕捉對聯的意象，追索它的意境，產生藝術美感和思想共鳴。人們通常將被比擬的物件稱為主體，比擬的部分稱擬體。運用比擬法，可以使對聯更加生動，意味深長。比擬包括擬人和擬物兩種形式。

擬人

擬人是把沒有感情和生命的事物當作人來描繪，使所描繪的事物人格化，增強感情色彩。如：

　　磐石本無情　為水傷心
　　柔雲本無欲　因風落淚

擬物

擬物是將人當作物來描繪。擬物的目的較為複雜，有的褒揚，有的諷刺，有的調侃。

在婚聯、壽聯、名勝古跡對聯中，尤其多見運用擬物手法的現象。像下面這副婚聯：

　　紅雨花村　交頸鴛鴦成匹配
　　翠煙柳驛　和鳴鸞鳳並於飛

全聯都用擬物手法，將男女婚配當作"鴛鴦""鸞鳳"自由和諧地在紅雨花村、翠煙柳驛的美景中成雙交頸，聲聲和鳴，情景交融，生動貼切。

3. 借代

不直接說出要說的事物，而借用與它有密切關係的事物來代替，或用事物的局部代替整體，這就是借代。如杭州於謙祠，聯云：

千古痛錢塘　拜楚國孤臣　白馬江邊　怒卷千堆夜雪
兩朝冤少保　同岳家父子　夕陽亭裡　心傷兩地風霜

聯中用"少保"借代岳飛和于謙，"少保"是一個官職，他們先後都做過少保。

4. 誇張

誇張是運用豐富的想像力，在客觀現實的基礎上有目的地放大或縮小事物的形象特徵，以增強表達效果的修辭手法，也叫誇飾或鋪張。如：

一檀木中藏世界　半邊鍋裡煮乾坤（峨眉山山頂寶殿灶房聯）
胸中藏丘壑　腕底有鬼神
六朝山色收筆底　千里江聲到枕邊（甘露寺聯）
乾坤浮一鏡　日月跳雙丸（昆明睡佛山達滅洞聯）

5. 襯托

襯托即在對聯創作時運用類似的事物或運用反面的、有差別的事物做陪襯。主要事物為主體，陪襯事物為襯體。因襯體性質的不同，常見的有正襯和反襯兩種形式。

正襯的襯體是從正面來襯托的，如民族英雄鄭成功祠有一副對聯：

　　　東海望澎台　風景不殊　舉目有河山之異
　　　南天留祠宇　雄圖雖渺　稱名則婦孺皆知

作者並不正面敘述鄭成功當年如何反抗侵略收復臺灣的事蹟，只是用"澎台風景"作示，接著以"不殊"和"之異"作對立面，襯托上句。如此，人們很自然地聯想到這位英雄當年的光輝偉績來。

反襯即襯體從反面襯托。如溫州梅雨潭聯：

　　　飛瀑半天晴亦雨　寒潭終古夏如秋

上聯用晴天也細雨紛紛來反襯飛瀑總是霧氣漾漾，下聯用夏天也清涼宜人來反襯寒潭四時清幽涼爽。

6. 雙關

利用詞的多義及同音（或音近）條件，有意使語句有雙重意義，言在此而意在彼，就是雙關。把諧音雙關的修辭方法運用到對聯中，能使對聯含蓄深刻，耐人尋味。

相傳明代宰相李賢，看中了青年士人程敏政，想招他為婿，於是設宴款待他。席間，李賢指著桌上的果品出對道：

　　　因荷而得藕

程敏政猜到李賢的用意，隨口應道：

　　　有杏不須梅

李賢見其才思敏捷，就把女兒許配給他了。聯語中李賢表面上似乎在說盤中的蓮藕，其實，借用雙關的修辭格：荷者，何也；藕即指偶。問程敏政憑什麼得配偶？程敏政真是一點則通，說："我三生有幸，何用人做媒。"二人一問一答，但說而不破，一個心照不宣，一個正中下懷。一聯賺得佳偶，確為趣事。

7. 對比

對比，是把具有明顯差異、矛盾和對立的雙方安排在一起，進行對照比較的表現手法。

史鑒流傳真可法
洪恩不報反成仇

上聯明嵌史可法的姓名，下聯"成仇"諧音"承疇"，暗嵌洪承疇的姓名，屬於對聯的嵌字修辭法。前者是明末忠臣，堅守揚州，後不屈而死，後者降清苟且，朝野不齒。

一忠一奸，一褒一貶，對比鮮明。

四、精妙絕倫的煉字技巧

對聯是一種漢字文化，也是一種有較高藝術技巧的文學形式，其用字特別講究。用字的技巧，就是對聯在形和聲上表現出文化特色，以獲得某種藝術效果的方法。對聯的文字經過千錘百煉，往往能起到"一字之褒，榮于華袞；一字之貶，嚴於斧鉞"的作用。

對聯有許多獨特的用字技巧，以下為一些常見的技巧。

1. 析字

析字就是將漢字的形體結構進行分解，或拆或合，變為新字，翻出新意。析字可分為拆字、拼字、離合字。

拆字

拆字即根據漢字的間架結構將某字進行拆解。傳說，明代文學家蔣燾的父親招待客人，客人出上聯，主人對下聯：

凍雨灑窗　東兩點　西三點
切瓜分客　橫七刀　豎八刀

出句中，"凍"字拆為"東"和"兩點水"，"灑"字拆為"西"和"三點水"。對句將"切"字拆為"七"和"刀"，將"分"字拆為"八"和"刀"，雖為拆字，卻絲毫不見拆字的痕跡，再加上文字的口語化，顯得非常自然。

有時只拆出字的一部分。相傳，八國聯軍侵略我疆土期間，有個外國官員出了個上聯：

　　　　琴瑟琵琶　八大王王王在上

聯語霸氣逼人，暴露出八國列強妄圖瓜分中國的猙獰面目。中國有一愛國官員憤然對出下聯：

　　　　魑魅魍魎　四小鬼鬼鬼靠邊

下聯以浩然正氣，給予帝國列強最直接的回擊，警告其不要太囂張，遲早要滾到一邊。

拼字

拼字也叫合字，就是將兩個以上的字拼為一個字。

據傳，唐明皇曾為楊貴妃築一梳粧檯。一天晚上，玉兔東升，二人登上妝台，相擁而坐，唐明皇即景吟出上聯：

　　　　二人土上坐

貴妃應聲對出下聯：

　　　　一日月邊明

楊貴妃

上聯，兩個"人"與"土"合為"坐"字，下聯，"日"與"月"拼為"明"字。楊玉環將唐明皇比作日，將己比作月，月受日光照耀才有光，恰如其分地襯托出二人的身份。

離合字

離合字，就是有拆有拼，重新組合。

"林暗草驚風，將軍夜引弓。平明尋白羽，沒在石棱中"，這是唐朝詩人盧綸寫《塞下曲》，讚揚西漢名將李廣的詩歌。詩中大意是，將軍李廣夜間巡視地形，忽見前面草叢中臥著一隻老虎，遂拉弓勁射。翌日清晨，卻發現箭射在了岩石縫內。

為什麼箭有如此強大的穿透力呢？因為李廣在射箭之時以為是真老虎，所以使出渾身的力氣。據此，有人擬一上聯，徵集下聯，云：

　　　　弓雖強　石更硬　何人可張長弓

出句，"弓""雖"拼為"強"字，"石""更"拼為"硬"字，"何"字拆為"人""可"字，"張"字拆為"長""弓"二字。

應徵出彩的對句是：

　　　　身尚躺　心尤憂　妾女立射寸身

對句，"身""尚"拼為"躺"字，"心""尤"拼為"憂"字，"妾"字拆為"女""立"二字，"射"字拆為"寸""身"二字。有拆有拼，拆拼自如，離合成趣。

2. 複字

複字又稱複辭、重字、重言，在一副對聯中，讓某一個字重複多次，在不同位置上出現，來突出某種感情或內容，在聲律上同時也形成有節奏的音樂美，這便是複字形式。上下聯複字的位置必須對應。

單字反復

曾經與女共產黨員、革命烈士張志新同獄生活過的士先女士，在張志新冤案昭雪後，寫了一副輓聯：

　　　　敢想　敢說　敢做　敢當　為真理戰鬥　一身正氣
　　　　憂党　憂國　憂軍　憂民　遭逆賊慘害　千古奇冤

輓聯中四個"敢"字，四個"憂"字重複使用，充分表現了張志新烈士的革命精神，寄託了作者對烈士無限敬佩和沉痛悼念的感情。同時，這幾個複字組成的短語構成排比句，語勢銳利，音調鏗鏘，節奏強烈，讀後令人以過目不忘。

多字反復

抗戰前夕，山西軍閥頭子閻錫山到江蘇無錫遊覽，並不受歡迎。當地名士馮國征，戲擬一上聯，登在上海《大公報》上求對：

　　　　閻錫山　過無錫　登錫山　錫山無錫

此出句奇巧，應對難度太大，故久無人應。直到1945年某日，《大公報》記者范長江來到天長縣新四軍駐地採訪，忽然想起那半句征聯，頓時靈感來了，對出了下聯：

　　　　范長江　到天長　望長江　長江天長

3. 疊字

　　疊字又稱疊詞、連珠、疊音、重言，就是將字重疊起來使用，以增強形象的立體感和聲律的協調感，或渲染加重感情色彩。所重疊的字的詞性多為形容詞、名詞和動詞。

　　在楹聯創作中，疊字法的運用是非常廣泛的，幾乎隨處可見。比如下面這副楹聯在解放前流傳一時：

　　　　南南北北　文文武武　爭爭鬥鬥　時時殺殺砍砍　搜搜刮刮　看看乾乾淨淨
　　　　戶戶家家　女女男男　孤孤寡寡　處處驚驚慌慌　哭哭啼啼　真真淒淒慘慘

它形象地嘲諷了國民黨統治下舊中國的淒慘景象，把當時的社會現實暴露無遺。

4. 嵌字

　　嵌字也叫嵌名，是對聯常用的一種技巧。它的用途很廣，名勝園林、婚壽賀聯、喪幛墓碑、商業店鋪、題贈名片，等等，往往採用這種技巧。

　　嵌字的種類繁多，按嵌入字詞的聚散而分，可以分為整嵌和分嵌；按嵌字在單聯或雙聯，可以分為單嵌和對嵌；按所嵌字在聯中所處的位置，可以分為橫嵌和豎嵌；按修辭手法的明暗，可以分為明嵌和暗嵌；多種手法綜合交叉的有遞嵌、迭嵌。

　　整嵌就是將名稱不拆開而完整地嵌入，如題嵌四大天王一聯：

　　　　增長善根　而持國土
　　　　多聞正法　以廣目光

分別將東方"持國"天王、南方"增長"天王、西方"廣目"天王、北方"多聞"天王之名整嵌入聯。但嵌字法用得較多的還是分嵌，也就是將名稱拆開，分別嵌入有關位置。

分嵌的格式多種多樣，有的是嵌入上下聯特定位置，有的則是嵌入上下聯非特定位置。嵌入上下聯特定位置的格式多用於嵌兩個字，以七言聯兩字分嵌為例，從第一字至第七字，分別稱鶴頂（鳳頂）格、燕頷（鳧頸）格、鳶肩（鴛肩）格、蜂腰格、鶴尾格、燕翎格、鳳尾格。

曾國藩和左宗棠等人平息了太平天國運動後，雖然同朝為官但政見上往往有分歧。在一次宴會上，兩人談得很不投機，曾國藩首先向左宗棠發難：

　　　季子敢言高　與餘意見大相左

左宗棠字季高，曾國藩把左宗棠的名字嵌入聯句。左宗棠才思敏捷，他連喝了兩杯酒，對出了下聯：

　　　藩臣徒誤國　問爾經濟有何曾

對句，將"曾國藩"三字嵌入相應的位置。將三字完全拆開分別嵌入，這就是分嵌之一例。

另外，比較常用的兩字分嵌還有魁鬥格（一字嵌上聯之首，一字嵌下聯之末）、蟬聯格（一字嵌上聯之末，一字嵌下聯之首）等。

5. 漏字

漏字又稱藏字、隱字、缺字、缺如、缺隱，即有意將某些字漏掉，使聯語有言外之意，讓讀者去體悟。漏字聯包括缺字聯、隱字聯、藏字聯。

缺字聯

如：

　　　二三四五
　　　六七八九
　　　橫批：南北

此聯的寓意：缺一（衣）少十（食），沒有東西。

隱字聯

明代一士人，家貧，某日友人至，無酒招待友人，便以水代酒，士人吟出上聯：

　　君子之交淡如

友人心領神會，更體諒士人的處境，對出下聯：

　　醉翁之意不在

吟罷，二人哈哈大笑，攜手入席，暢談友情。

藏字聯

清末大臣李鴻章系合肥人氏，管農業的大臣翁同龢系常熟人氏，翁與李同朝為臣。翁譏諷李，李又反唇相譏。

　　一二三四五六七
　　孝悌忠信禮義廉

前面一句中沒有"八"，含義為"忘八"即"王八"的諧音；後一句少了一個"恥"，含義為"無恥"，兩句連在一起就是想這樣巧妙而不動聲色地罵人。

6. 同旁

同旁就是利用相同偏旁部首的字組成對聯。因其有整齊的形式美，頗受一部分人的青睞。同旁可分為部分同旁、全聯同旁、橫向同旁三大類。舊時一車馬店聯：

　　遠近送迎通達道
　　逍遙進退速遷遲

這是全聯同旁。

7. 異音

就是利用漢字一字多音的特點作成對聯，求得新穎別致。

全聯只用一個字的，要數某豆芽店聯：

　　長長長長長長長
　　長長長長長長長

上聯一三五六字讀ㄔㄤˊ，其他三字讀ㄓㄤ，下聯則調換過來，平聲落腳。

8. 諧音

就是運用字詞的同音或近音的條件，達到語意雙關，增加聯語的幽默感。

　　狗啃河上骨
　　水流東坡詩

這是蘇東坡和好友佛印和尚泛舟長江所作的對聯，"河上""東坡詩"分別諧音為"和尚""東坡屍"。

9. 摹聲

就是利用象聲詞（擬聲詞）制聯，給人身臨其境的感覺。

傳乾隆題某鞋鋪聯：

　　林鳥叫提壺　提壺　提壺　必是山中有酒
　　山禽說脫袴　脫袴　脫袴　定然身上無寒

聯中，提壺是鳥名，"提壺"和"脫袴"都是模擬禽鳥的叫聲，卻又從字面上賦予實質性的意義，這就產生了新的情趣。

一棟結構精美的住宅，如果沒有好的建築材料，哪能建成出色的建築。同樣的道理，如果一個作者不能提煉、選取出精當的字詞，往往因為一個字用得不當，致使全聯減色，甚至鬧笑話。因此在欣賞對聯的時候要學會品味用字，寫作的時候應仔細揣摩用字。

五、獨到深入的賞析方法

對聯是文學的一種，文學具有思想道德美和藝術形式美，是人們接受教化的重要來源之一。對聯中蘊涵著豐富的美育資源，並往往與書法藝術相結合，具有很高的藝術鑑賞價值。其鑑賞的方法可從內容和形式上入手，兼顧書法藝術。

1. 從思想內容上鑑賞對聯

對聯的內容應是對聯鑑賞的最主要部分。拿到一副對聯，要由表及裡、由淺入深地去看對聯的內容。

首先，先看對聯的句子是否順暢和語言層次是否清晰。句子不順暢，直接影響到表達。有人在創作對聯時，只是想到某一個字或幾個字對得工整，而考慮不到整句話的連貫性，以至於使對聯的句子晦澀牽強。還要考慮句子之間的層次是否清晰，上聯和下聯之間是否具有內在的必然聯繫，有沒有次序顛倒、言語矛盾之處。

其次，再看對聯的內容。對聯的內容和詩歌、散文、小說、戲劇一樣，可以寫人記事，可以繪景抒情，可以述志明理，可以述史評人、褒貶揚抑。欣賞對聯先要看作者寫了什麼內容，表達了何種情感，闡發了哪些見解。

如古跡名勝楹聯，是表達了作者的感慨，還是寄寓了作者的某種情感？是寫人物的，還是寫景貌的？是寫歷史的，還是寫故事傳說的？是褒揚，是貶斥？是歌頌，還是批評？是敘述，是描寫，是議論，還是抒情？

如果是著名的風景名勝，則要對該名勝有所瞭解，如名勝所處的位置、開發的年代、名稱的緣起、有何著名景點、歷史上有哪些名人到過、現在還有哪些遺跡。

　　如果欣賞歷史名人紀念地（如武侯祠、關帝廟、嶽飛廟、韓愈祠等）的楹聯，就要熟悉這位歷史人物的簡歷，如他的出身、經歷、主要業績、功勳、歷史上和現在人們對他的評價等。

武侯祠

　　若是欣賞佛寺的楹聯，還要懂得一些佛教常識、佛學術語，及對聯描寫該寺的獨特之處。如登封的少林寺，因北魏時達摩在此面壁修行，被認為是禪宗祖庭；洛陽的白馬寺，是佛教傳入中國後所建的第一所寺院。

　　如果是欣賞道觀的楹聯，還要有一些道教的常識，懂得一點道教術語，以及這所道觀的獨特之處（如鹿邑太清宮，是老子家鄉為紀念他而建的道教建築）等。

　　若是行業聯，就得瞭解行業的歷史、名人、逸事，職業特點，否則寫出的對聯，就張冠李戴，或掛羊頭賣狗肉了。

　　……一句話，凡是與此名勝有關的一切東西，都有瞭解的必要──這也要求讀者涉獵面廣，多讀書，讀好書。

2. 從形式上鑒賞對聯

　　形式是為內容服務的，好的內容用恰當的形式表達出來，就能深入人心。對聯的形式不外乎字數、平仄的運用與修辭的技巧。鑒賞對聯時要把這些形式上的特點找出來，便可知對聯之奇之妙之趣了。

從文字上分清長短

從前面講述的內容可知，對聯有長短聯之分，短聯一般都在七個字以內，如久負盛名的長沙嶽麓書院聯：

惟楚有材于斯為盛

全聯八字分別用出自《左傳》《論語》的兩個典故，頌揚了嶽麓書院培養了眾多優秀人才，聲名遠播。雖是短聯，但意蘊深刻。

從平仄上分清嚴寬

河南省鶴壁市浚縣浮丘山碧霞宮一聯：

門鄰衛水清流繞
（平平仄仄平平仄）
戶接行山積翠來
（仄仄平平仄仄平）

從平仄看這是一副平起嚴式寫景的對聯，凝練典雅，點出了該景點所處的位置：在衛水河邊、太行山下。"門""戶"之對，"水""山"之對，都極為工整、恰切。

從用字、造句看對聯的藝術技巧

這部分牽涉到上節用字遣詞方面的內容，不再多講，僅舉一例，陝西岐山五丈原諸葛亮廟聯：

一對二表三分鼎
六出七縱八陣圖

此聯"用數"法將與諸葛亮一生有關的文章事件連綴起來，從而讚頌了諸葛亮的豐功偉績。

3. 書法藝術

眾所周知，對聯與書法藝術同是中國傳統文化的獨特形式，都是以漢字為載體。對聯是漢語言的產物，對聯是靠漢字表現出來的，無論是書寫在紙上、鐫刻在木石上，還是純粹的口頭應對，都少不了漢語言文字；而書法藝術又常常借對聯的形式得以傳播，對聯又為書法藝術開闢了發展的空間。兩種藝術完美融合，使對聯與書法的美學價值都得以提高，更彰顯了我們民族的傳統文化有著無窮的藝術魅力。

馬蕭蕭先生在《名聯鑒賞詞典》序言中說："好的對聯用好的書法寫出來，成為珠聯璧合的藝術品，觀之神采俊馳，讀之音律鏗鏘，產生雙重的或多層次的審美效果。這更是中國文字中所獨有的了。"

就常見的對聯書法而言，以行書最多，楷書次之，隸書又少一些，篆書和草書大概是最少的。欣賞對聯中的書法藝術，同樣也要有一些書法的常識。如常用的幾種字體：正楷、行書、隸書、草書、篆書。它們有各自的特點：如正楷的端莊秀麗，細膩生動；隸書的整齊美觀，高古淳樸；行書的流暢自然，生動活潑；草書的飄逸瀟灑，暢達雄放；篆書的古樸凝重，柔中寓剛等等。不同的人寫出的書法對聯作品，都能從不同的角度反映書法家的精神風貌和思想感情。如南朝文藝理論家劉勰在《文心雕龍·練字》中所說："心既托聲於言，言亦寄形於字。"從這些字體當中可以說明讀者品味聯語的意境，理解對聯作者的心情。

對聯與書法是天然的姐妹藝術，它們相輔相成，渾然一體，相得益彰，故在欣賞對聯作品時，不可忽視對書法藝術的欣賞。

清代梁章鉅在《楹聯叢話》中提出了楹聯鑒賞的幾個層次：分別是"工切""工巧""工敏""工麗""工雅""工妙""工絕"，以"工絕"為極致。我們應多學對聯基礎知識，從欣賞對聯的基本方法出發，一步一個腳印，在"工切"之後，力爭攀登"工絕"高峰，做一個會品味對聯的人。

第四編　魅力四射的對聯萬象

　　對聯是漢族文化的重要組成部分，但是隨著各族人民交往的深入，對聯也被移植到其他民族語言當中去。少數民族中的對聯有什麼特色？港澳臺對聯與大陸對聯為同根而生，與大陸對聯有哪些區別呢？中國對聯傳到海外，並為當地華人和本土人民所用，又展現出什麼風貌呢？本編將為您展現它們的風采。

一、少數民族對聯

1. 回族對聯

回族是回民族的簡稱，是我國人口比較多的少數民族之一。回族是一個充滿智慧的民族，在與漢族等民族交往的過程中，不斷吸收漢文化，形成了人口較多、分佈較廣、文化發達的民族。

在回族文化中，回族對聯是不可或缺的一部分，是伊斯蘭文化和其他民族文化的結晶。回族對聯作為傳統對聯的一個分支，給傳統對聯藝術的寶庫增添了一個光彩奪目的新品種，在思想內容上開拓了一個新境界。

節日聯

開齋節是伊斯蘭三大宗教節日之一。伊斯蘭教開齋節起始于伊斯蘭紀元2年（623）。此後，每逢此節，世界各地穆斯林都以極高的熱情和虔敬的心態參加節日活動。中國穆斯林因各地風俗習慣不同，慶祝形式也有差異，有的炸油香、制美食互贈，或款待親友；有的請阿訇誦經祈禱，為亡人祈求寬恕；有的聚會聯歡，通宵達旦；還有的貼上具有回族特色的對聯。下面便是一副：

　　一月欽齋一年一度穆民敬持戒
　　五時拜主五洲五方信士秉忠心

挽聯

在回族對聯中，也有他挽聯和自挽聯兩種。一般常用的挽詞有：覆命歸真、順命歸真、一歸本然、功修盡至、認主獨一、篤信真宰、兩世吉慶、天堂有位、返本還原、返始盡終、物我歸真、德行昭然修身、以禮明心以道、永享樂園、主賜天堂等。

哈少夫，回族，金石書畫收藏家、社會活動家、中國知名穆斯林人士。1934年哈少夫79歲時，自書挽聯一副：

自壯年往游東海　金石書畫　薄負收藏虛名　幸荷士大夫折節下交道德有人　文章有人　每過從清淡　得助我生平智識
惜垂老未朝天方　水旱兵災　空抱慈祥志願　端賴諸賢達集資興學宗教為重　蒙養為重　庶維持悠久　更慰予死後心期

在這副自挽聯中，作者在上聯概述了自己一生的愛好和與友人的交往，語雖不多，但作者重情重義的情懷卻躍然紙上；作者在下聯道出了他一生的喜與憂。

箴言聯

回族清真寺的匾聯中，還有一部分箴言聯，這些佳對妙聯、格言警句是回族人民智慧的體現，反映了他們對社會、人生的深刻思考，給人以美的享受和啟發。

甘肅岷縣南川清真寺聯云：

大道外無大道　莫教錯認方針直乖趨向
歧路中有歧途　需要踐踏實地始悟清真

此聯教誨教徒認清歷史趨勢，常常反省，做明白人。

綜上，回族對聯，通過穆斯林的智慧出現在中國伊斯蘭文化中，把對聯這一古老的藝術形式推向了世界。回族對聯的出現，無論是在伊斯蘭文化，還是在中國傳統文化裡，都是一個文化上的創造，獨樹一幟，其文化價值是不言而喻的。

2. 白族對聯

白族的語言是白語。白族對聯是以漢字記音、白語為意的對聯，流行於白族聚居地區。

白語對聯約產生于清代咸豐、同治年間而延續至今，有數百年的歷史了。明清以後，漢人大量湧入白族聚居區，給白族帶來了先進的漢文化，漢字聯融入白族民俗，無論婚喪喜慶、門庭廟宇、水井驛站，無不有對聯存在。受其影響，口頭上的白語對聯便逐漸流傳開來，流傳既久，有人以漢字記之，遂成白族地區的白語鄉土文化對聯。

白語對聯一般有 6 種表現形式：一是用古白語寫；二是以漢字記白音；三是漢白對，即全聯看起來都是漢字，但一部分為漢語，一部分記白音；四是給漢字對聯逐字注上白語拼音文字；五是漢字與白語拼音文摻和書寫；六是完全用新制定的白語拼音文字書寫。

白語對聯的種類有春聯、喜聯、壽聯、挽聯、詠物聯、述事聯、諷喻聯、風景聯、雜綴聯，等等。

春聯

白族也有貼春聯的習慣，有一副春聯：

德者巧智能者俏

真則容覓摹則多

譯成漢語的意思是"從前哪有現在好，有時要想無日難"。

喜聯

雲南雲龍縣寶豐鎮白族居民結婚喜聯，以漢字記白音：

溫溫尼尼佳細浪（意為"熱熱鬧鬧接新娘"）

喜喜渭渭碰帝答（意為"喜喜歡歡吹嗩吶"）

白族娶婚素有為難新郎的風俗習慣，下面這個故事就用到了對聯。說有一白族人家娶親，適逢迎親之日颳風下雨，新娘見路旁有一鹽店，於是出了上聯要新郎對下聯：

必私噴給必　必噴必

新郎亦即景生情，立刻對道：

吾兮偶家吾　吾妙吾

出句和對句漢譯分別為"賣鹽遇颶風，風吹鹽巴；娶妻逢下雨，雨淋新娘"。

風景聯

下面是一例：

碧影書鬧孫

困抹角恨無

漢譯為"梅映蒼山雪，波推洱海雲"。

詠物聯

有一聯云：

玉悶省拿嘿車吾

杜國古老本白膚

漢譯為"包穀小時生紅須，冬瓜老來搽白粉"。

雜綴聯

下面這副雜綴聯就把大理的特色寫了出來：

屋楷勻倒細昂細

鄧寸囡腮勻根勻

對聯可漢譯為"鶴慶紅糖心合心，鄧川乳扇腳鉤腳"。此聯寫出了大理地區的兩種特產，即鶴慶紅糖、鄧川乳扇。鶴慶，白語為"屋楷"；鄧川，白語為"鄧寸"。紅糖製作時，用鐵碗模型做成圓錐狀，買賣時多以兩碗為一盒，雙數成交；乳扇在加工時，腳細身寬，兩片合為一對，腳與腳鉤在一起。

白語對聯雖然由漢族傳入，和漢字對聯有相同或者相似的地方。白語對聯的書寫，同漢字對聯一樣，上聯在右，下聯在左；聯文與落款的安排方式同漢字對聯沒有什麼區別。但白語對聯融合了本民族文化，還有自己的特點，如純白語對聯基本上沒有橫批，歸結起來有以下幾個方面：

一是對仗。白語對聯和漢字對聯類似，要求上下聯的詞性、詞義、構詞形式、句意、音韻位置相互對仗工整。如：

　　音辣子千居千者
　　護且薪掐手掐勾

漢譯為"吃辣子辣嘴辣舌，燒刺柴刺手刺腳"。

另外，白語對聯的對仗還體現在成語、色彩上。由於白、漢兩種語言的差異，因此，白語對聯是否對仗，不能只看記錄白音的漢字，原有的對仗在譯為漢語後也許難以達意。

二是音調的平仄。在白語裡，沒有平仄的概念，但是，白語對聯還是講究音律和諧的。白語對聯的音律和諧主要是通過高低和諧來實現的，主觀上一般不要求句中和句間的高低，而比較注重上下聯句末的高低對仗。一般來說，下聯末字為中調時，上聯末字為高調或低調；下聯末字為高調時，上聯末字為中調或低調。

三是語序。白語的語序同漢語的語序大致相同，但有時也有區別，如：在疑問句和否定句裡，賓語都要放在動詞謂語之前；數量詞一般放在所修飾的名詞之後；形容詞或疊詞作狀語，也常常放在動詞之後。

3. 納西族東巴文對聯

東巴文是記錄納西族語的形象文字符號，國內外學者一致認為：東巴文是"目前世界上唯一還活著的象形文字"。東巴文在納西族語中為"森究魯究"，意為"木石標記"——"見木畫木，見石畫石"。東巴文對聯，既可當特殊的文字品讀，又可作為圖畫來欣賞，其藝術魅力，妙不可言。

我國的納西族主要聚於雲南省的一些地區。麗江的納西族較為喜愛貼對聯。

到目前所知，納西族的第一副對聯出現在明代木氏土知府的門旁：

　　鳳詔每來紅日近
　　鶴書不到白雲閑

此聯充分表達了麗江木氏土知府忠誠于中央王朝的心跡，也說明了納西族文化與漢族文化的關係。清初的土知府木靖所寫的"玉壘千年存古雪，金沙萬里走波瀾"一聯成了麗江人百貼不厭的春聯。

　　麗江城內的納西族春聯，有的落筆於對生活的追求，如：

　　　　玉水千弦歌盛世　心香一瓣祝長春

有的春聯著眼於納西的民風民俗及志趣情懷，如：

　　　　宅後青屏花點綴　門前綠錦燕編成
　　　　淡泊胸懷天地闊　寬和情愫月星明

　　橫批的文字都與"春"有關，無非是"春色滿門""春回古城""春和景明"之類。

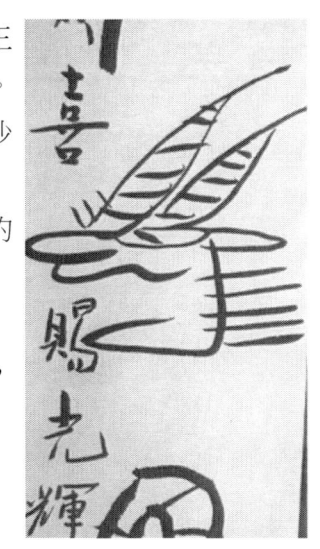

納西族東巴象形文字

納西人挽聯用紙顏色非常講究。親人去世時貼白挽聯，去世周年後貼綠聯，去世兩年後貼黃聯，滿三年後才貼紅聯。對聯內容也隨著時間的推移而改變，如一年後聯語：

　　　　守孝一年猶似昨　思親千載永無期

橫批為：

　　　　一年齋期

或：

　　　　望雲思親

兩年後挽聯就變為：

　　　　兩載白雲猶在望，一輪紅日又當頭

橫批為：

　　　　二年之期

滿三年之後，則寫：

　　　　守孝三年雖易滿　銘恩千世不能忘

橫批為：

　　　　彈冠之日

4. 滿族對聯

我國最早出版的少數民族對聯專著是《滿文對聯》，該書作者為清代吳福壽，現收藏於北京大學圖書館。

滿族用白紙墨書對偶吉祥句，貼於自家門框或室內楹柱上，入關後，滿族人也逐漸認為白色不吉利，後亦有用白紙鑲紅、藍色邊書寫者，初用滿文，清中葉後多改用漢字，現在多改用紅紙書寫。

5. 哈尼族對聯

哈尼族主要分佈在滇南地區。哈尼族文學豐富多彩，民間口頭文學內容廣泛，體裁多樣，主要有神話、傳說故事、詩歌、謎語和諺語等。以哈尼語為民族語言的哈尼族也有自己獨特的對聯。

雲南墨江縣普益公園對聯：

　　金烏西墜矣　打合依麼
　　玉兔東升兮　奪科臘司

在此聯中，"打合依麼"系哈尼語，意為"回家去吧"；"奪科臘司"意為"等一等嘛"。這是用漢語、哈尼語寫的"雙語合璧聯"。

6. 其他各種雙語合璧聯

郭沫若挽魯迅聯，實際上是拉丁語、漢語的合璧聯：

　　　平生功業尤拉化；
　　　曠代文章數阿 Q。

魯迅先生首創拉丁字母進入漢語人名，而郭又將它引入對聯，稱讚魯迅的代表作《阿 Q 正傳》為曠世文章，十分恰當。

二、枝葉茂盛的海外對聯

對聯不僅在我國國內的土壤裡紮根生長，茂盛異常，而且隨著中國文化主動或者被動向世界傳播，華人向海外遷徙，對聯也流傳到了世界各地。

1. 東亞對聯

對聯傳入最早的國家當數日本，是日本嵯峨天皇統治時期（809~823），約為唐憲宗時期。日本人林海洞用漢字寫的《史館茗話》有這樣的記載：嵯峨天皇巧詞藻，常與野篁成文字戲。一日，幸河陽館題一聯曰"閉門唯聞朝暮鼓，登樓遙望往來船"以示篁。篁曰："聖作恰好，但（可）改'遙'為'空'乎？"……天皇曰："是白居易之吟也，本作'空'，今以'遙'字換之耳。"以上記錄和國內的史料相互印證，說明至少在唐晚期，對聯已經傳到日本，連日本人也已在創作了。

元延祐四年（1317），日本天皇宇多就有題贈旅居日本 18 年的原浙江普陀寺高僧一山一寧的挽聯，云：

  宋地萬人傑
  本朝一國師

自近代起，中國與日本的交往更趨向頻繁，日本的對聯也就更見增多。如孫中山題日本福岡內田良平柔道場聯云：

  白虹貫日
  紫氣滔天

日本友人風度青山題贈廣東佛山石灣陶瓷廠聯云：

　　一粒粟中藏世界

　　半升鍋內煮山川

日本的許多庵堂廟宇、樓臺亭閣、風景名勝，都懸掛有對聯，可見對聯在日本是很流行的。

後來對聯經日本傳到了朝鮮。清代，就有學士華鴻山出使朝鮮時，其國王出上聯，華鴻山對答下聯。聯云：

　　皂莢倒垂千錠墨

　　芭蕉斜卷一封書

抗美援朝時，在一次擊落敵機數架的祝捷會上，朝鮮人民軍一位指揮員和中國人民志願軍的一位文書共同撰寫一聯云：

　　雙雙銀翼高飛

　　尊尊土炮齊發

可見朝鮮也有以對聯表情達意的風俗習慣，也有對聯行家。

2. 東南亞對聯

越南人會寫作對聯，春節也貼對聯。1925 年，孫中山病逝，越南友人潘佩珠挽一聯云：

　　志在三民　道在三民　憶橫演會館幾度握談　卓有風韻貽後世

　　憂以天下　樂以天下　被帝國主義多年壓迫　痛分餘淚泣先生

新加坡的人口構成中，大部分是華人，因此，對聯也變成了其文化的一部分，早在 1904 年，僑報《圖南日報》就有月曆牌聯云：

　　忍令上國衣冠淪于夷狄

　　相率中原豪傑還我河山

此外，印尼、菲律賓、緬甸、印度、巴基斯坦等國也有對聯出現。東北亞、東南亞各國都有許多華僑和華人，因此，對聯在整個亞洲是很流行的。

3. 歐、美、非對聯

從清末被列強炮轟開國門到我國國主動走向世界，華人逐漸遷入歐、美、非、澳等大洲，並將中國文化帶到了那裡，對聯也就隨之傳到了那裡。光緒皇帝 20 歲大婚時，英國女皇維多利亞贈送的賀禮大自鳴鐘，鐘座兩邊即鐫刻有一聯云：

　　日月同明　報十二時吉祥如意
　　天地合德　慶億萬年富貴康寧

這副合字婚聯，完全是漢族對聯的內容，看不出有英國人作對的味道。孫中山的英國老師康得黎（又稱堪利）挽孫中山聯云：

　　生時就職南京　歿後葬身吳會　孝陵在望　地下遇高皇　慷慨談心有良伴
　　昔年被拘行轅　此日設祭使館　節署依然　會中逢堪利　淒涼感舊說先生

一個英國人，能夠寫得如此高妙的對聯，可見其中國文化功底的深厚。美國是華人旅居較多的國家，因此，對聯在美國也較為流行。早年舊金山華僑編輯《美國三藩市華埠春聯摘抄》，收集各類對聯達 429 副之多，足見對聯在海外華人社會中流行的程度了。尤逢喜慶節日、商店酒肆開張，佳作如林，膾炙人口。

不但美國華人會寫對聯，美國本土也有對中國文化研究很深的人，也能把對聯寫得出神入化。在美國，對聯有很多種類，有春聯、挽聯、賀聯、名勝聯等。

1936 年，魯迅病逝，愛德格·斯諾和姚克聯名挽之云：

　　譯著尚未完成　驚聞隕星　中國何人領吶喊
　　先生已經作古　痛憶舊雨　文壇從此感彷徨

美國威斯康辛大學著名教授、美籍華人周策縱為中國楹聯學會成立題贈的賀聯云：

　　滄水巫雲原有對
　　落花歸燕總相聯

這一聯在上下聯末尾嵌入"對聯"二字，也是頗費苦心的。

在美國對聯幾乎隨處可見，並且內容也多種多樣。如三藩市唐人街金山聖寺有一聯云：

　　一切眾生入不二法門　　同證三覺地
　　百界諸佛上座千華台　　莊嚴萬德天

南美洲也能找到中國對聯的身影。早在清光緒年間，秘魯中華會館通惠總局就有傅雲龍題寫的一聯云：

　　嘗六萬里艱苦　權作寓公　相助當如左右手
　　曆五十年生聚　每逢佳節　何人不起本清源

委內瑞拉的華人也不少，因此在該國也不難找到對聯了。一家中國風味的華人酒樓，有一副頂格聯云：

　　梅酒論英雄　借箸縱談天下事
　　園亭生景色　登樓頓生國中情

此類對聯舉不勝舉，其歷史和文化的內涵非同凡響。

總之，中國對聯已經成為"外交大使"，在對外文化交流中起著積極的推動作用，進而加強國外人士對中國的理解，勢必助"中國夢"之航行。

下篇

筆墨丹青的傳世之作——年畫

第五編　探尋年畫的歷史足跡

　　年畫和對聯一樣，屬於古代"桃符"的一個分支，又有自己的特點。與對聯這種高雅藝術相比，年畫略受統治者和文人輕視，因此，先秦到唐朝，年畫"進化"的速度不快，隨著民間藝術的崛起，尤其是受到明太祖朱元璋追捧後，就成了一枝奇葩。在清朝經歷了較為短暫的繁榮之後，隨著社會的動盪而陷入低迷。新中國的成立為年畫生長提供了新土壤，但是眼下受市場經濟衝擊較為嚴重，需要大家一起努力保護這門古老的民間藝術。

一、先秦至漢唐，從"桃符"中走來

年畫是中國特有的一種繪畫形式，大都於舊曆新年時張貼，以裝飾環境，含有祝福新年吉祥喜慶之意。

我國年畫藝術，源遠流長，影響深遠，其產生可以追溯到原始社會的宗教信仰。遠古時代，人們對自然界的認識非常有限，出於敬畏心理，將自然界各種變化歸結於神靈的意志和權力，產生了圖騰崇拜。據唐代杜佑《通典》與元代馬端臨《文獻通考》等所詳載，民間年畫中起源最早的兩個重要形式——"門神""灶神"，至少可追溯到殷商。《周禮》《禮記》等古代文獻典籍有明確的記錄，在商周時代，"天子七祀"即包括門神、灶神在內，並納入了典章制度的理論核心——"禮"中。因而人類遠古時期的自然崇拜和神靈信仰可以說是"民間年畫"的起源。

隨著社會的發展，人類對自然的崇拜逐漸轉化為對人格化的神靈的崇拜。先人為抵禦虎狼蟲豹和所謂的牛鬼蛇神的襲擾，建起自己的房子。而門則是聯繫自然界與房子的通道，門外是危險的自然界，門內是安全的家。所以在古人看來，家中最重要的是門。於是門便被賦予了神奇的力量，進而被人格化，在門的背後站著凡胎肉眼看不到的門神，為人們辟邪和祈福。歌劇《白毛女》中楊白勞家過年，貼門神時一邊貼，一邊唱：

門神門神騎紅馬　貼在門上守住家
門神門神扛大刀　大鬼小鬼進不來

歌詞中就體現了楊白勞等貧苦農民靠門神辟邪和保平安的願望。最初的門神以辟邪為主，到了明清以後逐漸演變成以祈福為主。因此門神分為文門神與武門神兩類，武門神管辟邪，文門神管祈福。據古文獻載，民間年畫裡的"門神"起源最早——當時的門神還只是抽象的概念,沒有具體的形象和姓氏。見《禮記·喪服大記》,鄭玄注曰:"君釋菜,以禮門神也。"

灶神作為年畫的雛形之一,俗稱灶君、灶爺、灶王爺,是由原始的火崇拜發展起來的一種神祇崇拜。原始人在學會了鑽木取火後,便把火當作崇拜物件之一。人們起初用篝火做飯,後來有了專門燒飯的灶,由此產生了灶神。起初人們想像中的灶神應該是掌管火的,希冀灶神能夠保證火苗生生不息,保佑自己肚子填滿熱飯熱菜。處於中原腹地的河南省周口市太康縣,有這樣的習俗,亦與崇拜灶神有關:為了防止灶神到天庭說自己家人的壞話,小年臘月二十三那天晚上,要拿出供品、燒香祭祀灶神爺以討好,同時切一塊當地產的"祭灶糖"粘到灶門上,"粘著"灶神爺的嘴巴,以免到了天庭亂說家人的壞話。

最遲到了漢代,門神、灶神已有了具體的藝術雛形,出現了在門上懸掛桃木、葦索,或者描繪神話中的神荼、鬱壘的形象,以驅邪捉鬼、祈福禳災、佑護室內安全——也就是上篇所講到的桃符。漢代灶神形象雖無從查考,但《後漢書·陰識傳》中,有關於陰子方"臘日晨炊,而灶神形見,子方再拜受慶"的記載,可看作是漢代灶神形象的證明。

早期的年畫形式均為門畫,包括門神、金雞、神虎等。當時都是用彩筆和墨繪製的。門神雖無具體的形象,不過從挖掘的一些漢墓前室墓門兩旁壁上的"守衛"來看,兩圖都是用濃墨草草勾起輪廓,後敷簡單的朱碧等色,這可以作為早期門神形象的參考。

隋朝雖短,但是結束了南北對峙的局面,為文化的發展提供了良好的社會環境。隋後期,隨著木刻書籍的產生,木版年畫亦應運而生。從繪畫上講,梁朝劉瑱的《少年行樂圖》可稱為年畫之先聲。後來唐朝呈現出國家統一、民族融合、經濟繁榮的景象,各族文化相互滲透和吸收,從而極大地豐富了整個中華民族的文化內涵,也為年畫藝術的發展奠定了良好的基礎。門神題材內容發生了許多變化,並且加進了釋、道等宗教色彩,出現了諸如藥叉、天王、力士等形象,內容與形式遂顯露出世俗化的端倪。

唐代佛教受到皇帝的推崇,廣建寺廟。寺廟門旁除會塑一對天王或藥叉當作門神外,還有很多題材,且寺廟多處會貼門神畫。據史料記載:"若於僧大廚,畫神擎美食;庫門藥叉像,手持如意袋;或擎天德瓶,口瀉諸金寶。

若於供侍堂，畫老芯芻像……"這反映了當時寺廟中的廚房、庫房、內室等門上皆繪有門畫，而手持如意袋、擎天德瓶或口瀉諸金寶的門畫，發展到後來也就成了吉祥題材的門畫了。

道教充分汲取原始宗教與釋、儒之長，引其崇拜的諸神為己用，形成了包括門神、灶君、財神、日月星辰等在內的數量繁多的道教俗神，這既是道教神秘玄奧的教義與世俗生活緊密結合的結晶，也為年畫藝術世俗化的進程注入了催化劑。

鍾馗是道教中最出名的神仙之一，是中國傳統文化中的"賜福鎮宅聖君"。春節時，鍾馗是門神，端午時，鍾馗是斬五毒的天師，鍾馗是中國傳統道教諸神中唯一的萬應之神，要福得福，要財得財，有求必應。隨著中唐以後內亂戰禍頻繁，"藩鎮割據"，朝廷的中央集權統治的失控，曾經作為守護天子的至高無上的宗教象徵的門神，開始遭到老百姓的嘲笑，因而它在民間的信仰基礎已經動搖。由於唐玄宗所想像的鍾馗具有捕吃惡鬼的功能，所以這一新的宗教形象很快便從統治者上層普及到民間，成為唐王朝力圖恢復中央集權統治的精神寄託，也成為民間祈望禳災避禍的崇拜對象。如今，這種信仰在東南亞地區也很普遍，在中國的陝西西安（鍾馗故里）、江淮、閩南、臺灣等地這種信仰更為盛行。在日本，鍾馗的信仰非常系統，許多村子有鍾馗神社，許多瓦房上還會安置鍾馗瓦，掛鍾馗旗幡，跳鍾馗儺舞，製作鍾馗稻草人偶，家中小孩房中置鍾馗畫像，神樂社也會表演鍾馗，還曾有一款飛機稱鍾馗型。

總的來說，儘管從原始社會到大唐，門神、鍾馗、紙馬這些具有年畫內涵的繪畫在藝術上已有較高的造詣，但是年畫只是在桃符上發出的一株嫩芽，仍未能從民族傳統繪畫中脫穎而出，形成獨立的畫種。

二、大宋，年畫正式誕生

　　五代以後，社會呈現封建割據和戰爭分裂的局面。在宋太祖趙匡胤統一亂世後，社會才漸漸穩定下來，國家的經濟得到了恢復和發展，新興的市民階層相應地壯大起來，經濟發展、都市繁榮，手工業、商業發達，社會呈現出一派繁榮的景象。

　　繪畫藝術在宋代有了很大發展，並逐漸走入市井，成了雅俗共賞的藝術。宋徽宗喜好繪畫，設立畫院，鼓勵繪畫製作，促進了宮廷繪畫的發展。而從一些宋人的筆記中可知，繪畫藝術也部分地由過去的貴族們賞心雅玩，或寺觀裡的宗教宣傳，進一步擴展到市井的茶館、熟食店、藥鋪，為廣大平民所欣賞。同時，賣畫市場遍佈開封城內，有"相對梁家珠子鋪，余皆賣時行紙畫花果鋪席"的說法。而宮廷內君臣唱酬歡宴，達官貴族文會酒聚，更推動了以勾欄瓦舍為中心舞臺的世俗文化生活的形成，為年畫藝術的發展提供了良好的客觀條件，並奠定了群眾基礎——年畫作為反映世俗生活的鏡子，也是民俗活動的載體之一，理所當然地承擔起護佑宗族門姓承傳延續、家眷親屬增壽延年、日常生活豐衣足食、門第居位顯赫高貴、社稷農事免災無害、家人牲畜平安無恙的使命。

　　另外，北宋領先世界的科學技術為年畫傳播提供了有力支援。造紙業的成熟、雕版印刷術的進一步發展，紙品名目繁多，紙價也非常便宜，為年畫的普及提供了條件。雕版印刷在前代的基礎上適應了政治、文化的需要，也逐漸發展並興盛起來。刻版的書籍涉及各個領域，官、私刻書機構遍佈全國，呈現出空前繁榮的局面。特別是北宋初年，平民畢昇發明的活字印刷術大大提高了印刷速度和品質。宋代還出現了鏤鐫銅版的技術，例如用鏤鐫著花紋的銅版印製官府的鈔票，也印製商家的廣告。

由此，漢唐以來一直從屬於民族傳統繪畫的年畫，在繼承傳統繪畫的基礎上，融民間繪畫與歷代名家文人畫為一體，並在創作宗旨、題材內容和技巧手法上逐漸形成自己的風格和特點，從而異軍突起，發展成為一門獨立的畫種。

宋代的年畫泛稱"紙畫"或"紙畫兒"，有手繪如蘇漢臣等人的風俗畫和木版印刷的年畫兩種。手工繪製的年畫內容主要是描繪鄉村世俗生活，著重反映農家喜慶豐收、闔家歡樂或村童嬉戲的場面。主要題材有"村田樂"、娃娃畫等。版印年畫主要有門神及門畫、灶王爺、鍾馗、桃符、春牌等內容。這類年畫在使用上都是一年一換，而且粘貼在居室的固定位置，其藝術形象基本定型，歷代雖有變化但大同小異，一直延續到辛亥革命後。

就藝術而言，宋代的年畫已有極高的水準。民間藝人中的一部分佼佼者被網羅入翰林畫院，同時這些人的作品在畫市上常被偽造、被剽竊署名，反映了年畫藝術水準之高度。著名的有蘇漢臣的《嬰兒戲圖》，開創了兒童題材年畫的先河。娃娃畫從此成為年畫的重要組成部分。

宋代年畫在技巧、手法上日臻成熟。表現為：（1）形象構圖的定型。其木版桃符、春牌等，雖然不斷換版，但形象、構圖卻大同小異，基本不變，有的甚至沿用到辛亥革命前後；（2）手工繪製的年畫進入流通領域。激烈的競爭，迫使一些民間藝人、作坊畫工們在技藝上精益求精，從而形成諸多分門別類的行家。

在題材內容上，宋代的門神形象不限於"神荼、鬱壘"及武士，已有了文官（朝臣）門神的畫像。而門神的別稱"門丞"兩字，也出現在宋代。宋代武裝守門衛戶的門神處處可見，大概與宋朝常和契丹遼朝、黨項西夏和女真金朝等長期相互攻戰不已有關。門神等年畫的發展，帶動了民間文學的發展，產生了許多關於門神、灶神、鍾馗等的傳說故事，就連宋代宮廷內也有了依據

《嬰兒戲圖》

這些傳說故事而以鎮殿將軍裝扮門神于禁中的歲時慣例，可見宋代年畫的藝術魅力。

宋代年畫一方面大膽地採用浪漫主義手法，賦予傳統的神話故事類作品以世俗化的創新，如傳為宋人作的《鍾馗嫁妹圖》等。另一方面則努力挖掘世俗生活題材。當時，娃娃畫較為受歡迎，成了熱門題材。還有民間瓦舍中五花八門的藝術表演，如戲曲、雜技等為年畫藝術提供了豐富的創作素材，如傳世的宋人雜劇風俗畫《眼藥酸》《宋雜劇演出圖》等，都是當時畫工在市場上看演出時所摹寫，是宋代年畫藝術現實主義特色的集中反映，為不可多得的傳世佳品。宋人創新的諸多題材，均成為後世熱門年畫題材，如"加官進祿""福壽康寧"等。

《鍾馗嫁妹圖》

反映灶神的灶馬印刷始于宋代。當時灶馬也是汴京坊市的重要行貨。宋代的灶君圖像如何，今難能一見。然而祭灶活動之情景卻從詩文中可見。如范成大《祭灶詞》，將其描繪得十分真切：

> 古傳臘月二十四，灶君朝天欲言事。
> 雲車風馬小留連，家有杯盤豐典祀。
> 豬頭爛熱雙魚鮮，豆沙甘松粉餌團。
> 男兒酌獻女兒避，酹酒燒錢灶君喜。
> 婢子鬥爭君莫聞，貓犬角穢君莫嗔；
> 送君醉飽登天門，杓長杓短勿複雲，
> 乞取利市歸來分。

詞中描繪了江南一帶祭灶之時，祭品之豐盛，心情之舒暢，詩中還反映了自古以來"男不拜月，女不祭灶，盼望灶君上天休奏家中貓狗之瑣事"及祭拜日期的民間風俗。傳說"灶王"于農曆臘月二十四日至除夕上天陳報人間善惡，所以民間有在十二月廿三日（小年）晚祭祀"灶王"的習俗，除夕夜晚再行接"灶王"之禮。

綜上所述，年畫正式誕生於宋朝關鍵的兩個條件是：（1）宋代經濟繁榮、手工業和商業發達、科技進步、市民文化抬頭的歷史背景,此屬外部因素。(2)年畫藝術在繼承傳統道釋人物畫的基礎上,不斷發展,自我完善,宋代年畫在藝術上已成定型。"以描寫和反映世俗生活為主"的顯著特徵,成為廣大民間群眾喜聞樂見的新的一門獨立的藝術表現形式,又擁有一支強大的創作力量。因此,學術界將年畫藝術的形成斷限於北宋的觀點,也就順理成章地得到普遍的承認。

三、遼金元明，年畫茁壯成長

遼、金、元三朝均為我國北方少數民族組建的政權，在與宋朝軍事對峙的同時，也與漢族融合，不斷汲取先進的漢文化，加速自身由遊牧到農耕的社會化進程，對北方年畫藝術的形成和發展起了積極的推進作用。明太祖朱元璋出身貧寒，在發展經濟的同時，注重對聯年畫等文化藝術的發展，因此，年畫發展在明朝超過以往任何朝代，得到了較快發展。

遼朝脫胎于隋唐之際的契丹，稱大契丹國或者大遼國，五代時屢屢南下爭奪中原，曾攻滅後晉，後被金朝所滅。在入侵中原的過程中，遼國擄掠財物及藝人北歸，所掠即有王仁壽等擅長道釋人物的畫家，為遼朝的文學藝術，包括木版年畫的發展奠定了基礎。雖然王仁壽等人的事蹟因缺乏史料記載而難以詳明，但今山西應縣遼代木塔套色刷印的佛經、佛畫以及塔內"金甲天王"門神的發現 給人們留下了追溯宋代年畫藝術向北發展的歷史證據。此外，遼代還是我國套色印刷術產生的時代。

金朝是女真族建立的政權。女真是靺鞨部落中的一部，居住在黑龍江中下游地區。金朝立國後，與北宋定"海上之盟"向遼朝宣戰，於1125年滅遼。然而北宋兩次戰遼皆敗，金隨即撕毀與北宋之約，兩次南下中原，於1127年滅北宋。金朝攻滅北宋後，與南宋對峙，還時常恃強向南宋索取典章文物及諸色工匠，其中包括"陰陽傳神"待詔，待命供奉內廷的人。這些待詔的北往，對北方民間傳真畫像及其他繪畫技藝產生了重要的促進作用，也影響了後來元代王繹《寫像秘訣》等繪畫理論的問世。

大體說來，北宋滅亡後，開封興起的民間年畫隨宋廷南遷，形成兩大發展區域。南方以南宋都城臨安為中心，逐漸向蘇、閩、粵等沿海地區發展；

北方以金都平陽為中心，遙接晉北燕京紙馬刻印地，向陝、冀、魯等地擴散。此外，地理險阻的西蜀，未經戰亂，年畫藝術未受干擾，自成一體，形成以門神為主的"綿竹年畫"風格，對整個西南地區產生了影響。

金代年畫題材中，除門神為勇猛武士與南宋相似外，史載中的《稼穡圖》與宋代《耕織圖》《蠶織圖》，在題材內容上有驚人的相似之處，其微妙關係引人注目。近代在甘肅發現的為人公認並熟知的平陽刻印《隋朝窈窕呈傾國之芳容》又稱《四美圖》，內容為王昭君、趙飛燕、班姬（婕妤）、綠珠四美人，圖上刻印"隋朝窈窕呈傾國之芳容"十個字，字下有印刻之家題識"平陽姬家雕印"一行小字。該刻印是金代以來，流傳在平陽以古代人物為題材、新春期間在房舍廳堂張貼為主的、民間年畫性質的木版雕刻畫，它是我國迄今所見最早的木版年畫，在世界版畫藝術史上留下了光輝的一頁。

《隋朝窈窕呈傾國之芳容》

元代統治者靠武力統一中國後，雖然重視漢文化，啟用一些漢臣，但是在藝術文化方面沒有很好地採取鼓勵措施，使其良好地發展。因此除了元曲以外，其他方面的藝術諸如年畫，雖有進步，但並不突出。

元代年畫中以描寫世俗生活為題材的年畫，無論是實物資料還是文獻記載都遠遠不及宋、金時期，可見，年畫的發展比較緩慢。從為數不多的資料可以看出，多數年畫的傳統題材大多沿襲宋、金模式，自身變化不大，如《貨郎圖》《春景戲嬰圖》《三元報喜圖》等。門神除承襲金代武裝勇士外，還有道教以神君為門神，驗證了漢唐以來道教與民間年畫的宗教題材相容的關係。到了元代，隨著國內政權的統一，南北兩大年畫藝術區域又逐漸融合為一體，年畫藝術也成了民間世俗生活的重要組成部分。

元代年畫的顯著特點是永恆題材《耕織圖》和新創造的門畫題材《四公子》普遍出現。雖然自宋代起就有年畫反映男耕女織的《耕織圖》，但在元代卻有其特殊的意義。元代統治者按照自己的生產方式開始強行在漢地推行畜牧，極大地挫傷了老百姓的積極性，摧殘了原有的社會經濟。忽必烈在位時，善於聽取漢族儒臣的建議，變遊牧為農耕，大力發展農業以恢復生產，從而鞏固了元朝的統一。元代的《耕織圖》的普遍出現，正是這一生產方式轉變的反映。而從藝術的角度上看，元代《耕織圖》與宋代相比，不僅內容豐富，題材也更為廣泛。元代崇奉道教，宮觀之門旁亦效法佛教，畫門神侍女守衛。其門神不是藥叉天王之類，而是左青龍孟章神君，右白虎監兵神君。根據元代的風俗記載，元代門神出現了"四公子"門畫。所謂四公子，就是戰國時期的齊國孟嘗君、趙國平原君、魏國信陵君、楚國春申君。

除此以外，元代年畫中也有戲曲、戲出方面的題材，元曲是元朝文化發展的高潮，對戲出年畫的發展產生了重大影響，也為年畫創作提供了豐富的素材。後來山西臨汾、河北武強和楊柳青等地的年畫中，大量出現戲曲題材形式的作品，與北方元曲的興起和發展密切相關。

元朝末年，朱元璋舉兵起義反抗元朝的腐敗統治，於1368年建立明朝，年號"洪武"。同年攻克了大都（北京），推翻了元朝的統治，統一了中國。朱元璋建立明朝後，積極恢復生產，興修水利建設，發展農業，並整頓地方政權，穩定了社會秩序。明朝對手工業管理的政策更加開明，把手工業者從過去官辦作坊裡解放出來，實行輪班赴京服役的法令，"以三年為班，更番赴京輪作三月，如期交代"。後來法令規定，工匠可以用貨幣代工勞役，改變了元代調撥工匠進京奴役的剝削方式。工匠可以自由勞動，這大大刺激了他們的生產積極性，許多手工業作坊規模因此不斷擴大。發展到後來，生產不斷上升，商業趨於繁榮，明代後期的織錦、造紙、制墨、燒瓷、雕版印刷術以及琺瑯、雕漆等手工技藝，得到了充分的發展。手工業的進步，為年畫藝術的復興提供了技術、材料上的便利。版畫插圖刻工往往自行擬稿，置繪、刻於一技。到了萬曆年間，版畫黃金時代初露端倪，小說、戲曲幾乎是無不附圖，更促進了木版年畫的成熟。

在社會經濟空前繁榮、人民生活條件得到改善的情況下，人們對門神、鍾馗等年畫的信仰更為達觀，對吉祥題材的世俗需求也更加鮮明。物質豐富，文化提高，相應地對人們的思想變化產生影響。人們不僅有驅魔逐鬼的期待，同時盼望百福臨門、五穀豐收、子孫昌盛、長生不老的思想日漸濃厚，此類的年畫題材也層出不窮。

明代傳統道釋人物故事畫逐漸衰落，而民間風俗畫和寓意吉慶祥瑞題材的繪畫得到較大發展。朱元璋出身于農民起義隊伍，幼年孤苦，饑寒和爭戰之經歷難忘，且不願子孫不識創業之難，故對山水、花鳥繪畫題材無大興趣，而將作戰、耕織之圖刻於牆壁、屏障，即史書上記載的："高皇與宮人語，不離稼穡組紃。後宮垣壁屏障，多繪《耕織像》焉。"宮中所懸掛和統治者所提倡的許多繪畫內容，恰與民間年畫之取材相同，從而也促進了年畫的發展。據余繼登《典故紀聞》、祝允明《野記》、劉若愚《酌中志》等記載，宮廷中常將《耕織圖》《三月韶光》等風俗畫，以及明太祖朱元璋起家征戰之事的繪畫懸掛于宮中，以教化皇親國戚以及宮中貴人。這類繪畫選材與年畫十分近似，如朱元璋"身所經歷艱難起家"在現代年畫中仍有表現。

　　明朝小說、戲曲插圖的發展對年畫的發展也有所促進。明朝是小說傳奇及戲曲雜劇等民間流行讀物繁盛的時代，所刊之劇本、通俗小說幾乎無一不附插圖。明朝出現的福祥吉慶題材的年畫，有些是從傳統的神話傳說以及當時的戲曲小說而來。如馮夢龍《警世通言》小說中就有《福祿壽三星度世》的民間故事；吳元泰作的《東遊記》，講的是八仙得道的故事。

　　此時，明代年畫的題材內容、刻繪技法、風格樣式都趨於定型，如現今遺存的《一團和氣圖》《南極星輝圖》《壽星圖》《八仙慶壽》《鍾馗圖》《孝行圖》等都與後世的題材相差無幾。其中《一團和氣圖》傳世者有兩幅，一幅現藏於臺北故宮博物院，一幅刻石于河南嵩山少林寺。現代多地著名的年畫，多始自明代。

四、清朝，年畫走向繁榮

　　年畫藝術雖形成于宋代，但卻遲至晚清時才在時人筆記雜著中出現"年畫"之稱。道光二十九年（1849年）李光庭著《鄉言解頤》一書說道："……掃舍之後，便貼年畫，稚子之戲耳。然如《孝順圖》《莊稼忙》，令小兒看之，為之解說，未嘗非養正之一端也……"此為"年畫"一詞第一次出現。此後不久，"年畫"一詞連同部分年畫作品刊載於北京《京話日報》上。同一時期，上海陰陽合曆的石印畫也被稱為"月份牌年畫"。從此，"年畫"一詞被普遍沿用。

　　清朝是由滿族人建立的政權，勢必推行滿族文化，然而為了鞏固自己的政權，又不得不考慮與人口眾多的漢人融合，吸收漢文化。在這個過程中，滿漢兩種文化既相互影響，又有碰撞。滿族人源自遼東關外，其民俗風情、宗教信仰與關內漢人差異很大，較多地保留了原始宗教之儀禮，如設竿祭天之禮和設"堂子"總祀社稷諸神。隨著強力推行和滿漢雜居過程中的"軟推介"，這些風俗必然影響到漢人的神佛道統觀念。同時，滿族的新年民俗活動也開始仿效漢人祭灶神、貼門神了。

　　從年畫的題材來看，清代年畫題材包羅萬象，舉凡世俗生活中的一切，無不反映在畫面上。除漁樵耕牧、士商學兵、醫葡星相、三教九流等七十二行外，歷史小說和戲文故事中的忠臣良將、清官廉吏、遊俠劍客、詩人才子、儒林隱士、孝子烈女、神仙道佛和惡吏貪官、欺民衙內以及名勝山水、奇花仙草、珍禽異獸、蔬果竹石、商埠新貌、礦山實景、火輪汽車、西洋風俗、傳統雜技、時事新聞，一應俱全，總計畫樣約2000種。當然也有《上海青蓮煙館》《煙花女子》《馬郎蕩十棄行》等，描寫鴉片館和妓院等社會黑暗生活的糟粕，無異於一部社會生活百科全圖。

　　清朝剛落都北京時，統治者實行強硬的政策，對漢族進行野蠻的血腥鎮壓和統治，加劇了滿漢民族的矛盾，激化了漢族人與清廷在軍事、文化等領域上的對抗。反映人民思想和生活的民間年畫，有《二十八宿鬧昆陽》《班超賞月》《昭君和番》等，表現了對異姓、異族統治者的強烈反抗情緒，是清初民族矛盾激化的一種表現形式。

　　清代前期，隨著社會的安定和經濟的恢復與發展，年畫也逐漸擴大和增多，呈現出快速發展的景象。有的農民把年畫作為副業，自產自銷，還有遍布全國各省市的手工業的畫店作坊。清初出現了翻版刻印他人之年畫，印刷術的空前提高，促使年畫生產的數量空前上升。清初年畫中，大量出現兒童娃娃和婦女撫嬰題材的作品，可說是當時社會的生活反映，如《教子成名圖》《蓮生貴子圖》《喜叫哥哥圖》《圓窗美人撫嬰圖》等。隨著社會的發展，年畫題材逐漸以孝義宣傳為主，輔以耕織圖和娃娃畫，反映了清初統治者為鞏固新建的政權而致力於緩和民族矛盾、發展社會生產和加強思想統治等方面的努力。清初的門神、鍾馗和"紙馬"等，多沿襲前代舊版或翻刻。清初民間年畫除題材特徵之外，還有形式上一大特色，即畫面上的人物衣著無論男女老少，皆非滿族服飾，而是清以前的漢族服飾，反映了當時漢族文化的優越感和對異族統治強烈不滿的情緒。

　　康熙雍正年間是清代國民經濟的恢復發展時期，也是年畫的恢復發展時期。隨著生活的好轉，農民對自己喜愛的年畫要求提高，已不滿足於仕女娃娃一類的題材，或忠孝節義老一套的說教，畫店為了經濟利益和顧主要求，爭出新樣。康熙年間體現生產狀況的《莊稼忙》《五穀豐登》《閑忙圖》，主要反映統治者恢復和推動生產的積極性。

　　乾隆時期，經過康熙、雍正兩朝平定西南和西北叛亂，統一中華，安定民生，經濟發展，工商業發達，城市更加繁榮，出現了"康乾盛世"之局面。民間年畫發展到乾隆時期，已達到了高峰。在此先後興起和發展的年畫作坊都有許多新的版樣刻印，其中尤以天津楊柳青、蘇州桃花塢兩地年畫刻繪最為精美。從存世的作品來看，不僅題材內容更為豐富，形式也更為多樣。乾隆時期的年畫，刻印唱詞歌頌清王朝統治的題材還不多見，但反清復明的題材也漸漸稀少。因受流行小調的影響，許多年畫上還刻有小曲，供人欣賞和觀唱，

《莊稼忙》

使得年畫藝術更通俗,從而深受城鄉人民的歡迎。年畫上刻印流行唱曲,既增強了民間藝術特色,也為嘉慶、道光以後各地年畫中刻有長篇唱詞的作品的大量出現和發展鋪平道路。

"西洋畫"在乾隆時期曾一度盛行,這使得年畫在技法上也受其影響,在表現城市和世俗生活的年畫中吸收了西方透視法和表現明暗起伏的畫法。這種變化與明末義大利人利瑪竇帶來西方繪畫和清初郎世寧被聘為宮廷畫師並受乾隆寵遇不無關係。受其影響的尤以天津楊柳青及京城年畫最為顯著,由於交通的不便,其他地方的年畫仍保持原有風格。

乾隆時期曾一度對通俗小說嚴令禁止,因此,一些為小說作插圖版畫的藝人,不得不轉入年畫行業,這些轉行創作年畫的藝人,原本就熟悉小說的內容,於是,便將歷史故事、傳奇小說、神話戲文等題材大量帶入民間年畫當中。這一時期年畫的題材方面除了歷史故事、戲文小說等外,名著《紅樓夢》的刊印,也為民間年畫的創作提供了新的題材。此時,年畫藝術發展到黃金時期,湧現出新高潮,成為當時民富國強、社會繁榮的真實寫照。與此同時,福建與臺灣人民往來較前增多,臺灣島也在此時大量接受大陸的年畫,並在此後又有發展,成為我國年畫中別具特色的產地之一。

隨著對外貿易的發展,特別是由於海上交通的便利,泉州、揚州、蘇州、楊柳青等沿海城鎮的年畫和部分內地的年畫,被遠銷東南亞、日本等國家和地區,並對這些國家的版畫產生了一定的影響。

然而，晚清以來，國勢衰落，內政日趨腐敗，內患接踵而來，國外強盜入侵，外辱加重，人民生活更加困苦。在此動盪不安的局勢下，民間年畫也出現了頹勢。但是作坊為了經濟效益相互展開競爭，仍在不斷繪製新樣，以求維持生意。由國外傳入的"西洋景"（洋片）對年畫的發展影響甚大。清政府生怕民眾接觸到外界文化，影響到自己的政權，實行閉關鎖國的政策，嘉慶二十年（1815）禁止洋人輸入"奇巧貨物"之後，北京即開始大量仿畫景片，自製鏡箱和片景。由於這類洋片畫工的工價都相當昂貴，有些藝人從廉價的年畫裡取材代用。後來作坊又根據這一民間演唱藝術的需要，印刻了一些"西湖景""蓬萊圖""景山圖"等兼作片景的風景年畫，從此開了風景年畫這一新題材的先河。

光緒二十年（1894）後，民族危機空前嚴重，在康有為、梁啟超等人掀起的維新變法運動以後，民間年畫發展出現了一批"改良年畫"，以提倡辦學堂、提高女權、學習文化、提倡團結等為題材，並廣泛深入農村。當時上海、蘇州、揚州、天津等地的許多著名人物畫家，為發展反帝愛國主義年畫做出了貢獻。咸豐到宣統（1851~1911）60年的社會巨變中，每遇重大事件發生，民間年畫裡即有所反映。隨著外寇的入侵，在反映社會現實題材的民間年畫裡，描寫反抗列強侵略、提倡愛國的年畫成為晚清年畫的一大特色。既有譏諷清朝腐敗無能，又有歌頌"扶清滅洋"，讚美清朝將領反抗侵略者的；既有描畫百姓暴亂、搶劫當鋪的，又有勸人安分守己、勤勞致富的。年畫作品五花八門，繁複異常，像《劉提督水戰得勝全圖》《太平軍北伐圖》《紅河大捷》《火燒望海樓》等年畫都是較有代表性的作品。值得一提的是，還有許多反映新事物新景象的、以時事生活為題材的新年畫作品，成為反映當時歷史和民俗的形象資料，如《上海火車站》《戒食鴉片》《洋人結婚圖》《紡紗績麻》《女學堂演義圖》等。此外，由於近代國外印刷術和西洋繪畫的傳入，以及商業發展的要求，不僅出現了石印年畫，還出現了將國畫工筆重彩與西洋擦炭水彩相結合的月份牌年畫。這一年畫形式也較為通俗普及，題材既有戲曲故事、吉祥喜慶的內容，也出現了些格調低俗的時裝美人。

總的來說，清代是我國年畫藝術最發達興盛的時期，具體表現在：民間年畫中以戲文小說為題材的作品日益增多，"改良年畫"出現；鴉片戰爭以後，年畫中出現了一大批反映中國人民反抗外國侵略的優秀作品；清代產生了一批新的題材，如反映下層人民群眾反剝削、反封建，提倡婦女參加社會勞動等年畫。這些年畫的印製，說明了年畫這種藝術形式是以社會生活為基礎的，只要它內容上切合人民的心意，形式上又不違背人民群眾的欣賞習慣，表現方法上不失民間藝術的特點，必定會受到人民群眾的廣泛歡迎。

五、清末民國，年畫題材轉變

以辛亥革命為轉捩點，中國的社會性質發生了根本性的變化。民國時期，各種勢力湧動，革命聲浪此起彼伏，反革命的浪潮也此消彼長，社會沒有因為民國的成立而安定下來，仍然動盪不安。作為社會的縮影——年畫，在這時期，發展受到限制，但是有所進步，其題材卻出現重大轉變。

第一，年畫出現了反帝國主義、反君主專制的內容，主要體現在太平天國運動、中法戰爭和義和團運動等歷史大事上。

有關太平天國起義的年畫，人們曾在楊柳青發現十余張，能夠找到的年畫有《英雄會》《寒塘六雁》《雪燕梨花》《雜卉岡》《母子圖》《秋景圖》《螳螂捕蚱蜢》《落花彩蝶》《魚樂圖》《猴拉馬》《燕子磯》等。這些年畫系咸豐四年（1854）太平天國北伐隊伍進軍楊柳青後，在短時間內繪刻而成，贈送給當地群眾為"運動"做宣傳。從內容上看，太平天國年畫全系花鳥和山水，而無迷信內容，繪刻都很精美。其中如《英雄會》用鸚鵡與熊相對，"鸚、熊"合起來讀音為"英雄"，以諧音方式表現英雄主義精神，鼓勵人們爭當英雄好漢。《燕子磯》畫面上一邊有城門，在畫面正中，峭壁臨江，山綠江碧，襯以紅葉，用全景式構圖把太平天國的天京要塞畫得分外壯麗雄偉，讓人們心動和嚮往，以激發民眾的革命熱情。《魚樂圖》《落花彩蝶》中的草蟲金魚都分外生動，情趣健康，與社會形成強烈反差，激發人們對太平的嚮往。《猴拉馬》畫的是有一猴用力拉住馬韁繩，馬竭力後退力圖擺脫羈絆，簡練而有風趣。其實，花鳥山水年畫非自太平天國始，清代前期齊健隆所印之《種種得魁》畫蔬果草蟲就帶有濃郁的民間鄉土味，太平天國年畫正是繼承了民間美術中的精華成分加以創造，為自己的革命運動服務。

鴉片戰爭以後，帝國主義列強嘗到了甜頭，得寸進尺，不斷在政治、經濟、軍事等各方面進行掠奪。18世紀後期，法國企圖通過佔領越南並以其為跳板，進攻我國雲南、廣西等地。劉永福等愛國將領在越南人民配合下率兵抵抗，取得連戰連捷的勝利。當時的年畫《劉軍戰勝圖》《劉提督鎮守北甯關》就描繪了劉永福率領黑旗軍聯合越南人民抗法戰鬥的光輝業績。中法戰爭中，清政府在我方取得戰爭勝利的情況下，卻向帝國主義勢力屈服妥協，派李鴻章等人與戰敗的法方議和 訂立了屈辱賣國的不平等條約。年畫《法人求和》，儘管人物廳堂都畫得精密不苟，技術上有相當水準，但作品內容卻在很大程度上粉飾美化了清政府，並沒有準確真實地反映抗法的勝利。

在義和團運動前後，人民群眾反帝情緒高漲，反帝內容的年畫數量大大增多，在津、滬、粵以及香港等地均有印製。在義和團的發祥地山東，濰縣民間畫師劉明傑就繪製過歌頌義和團"紅燈照"的年畫，在集市上售賣時還邊賣邊唱："打洋鼓，吹洋號，領人馬，扛台炮，頭裡走的義和團，後面緊跟紅燈照。打得好，打得妙，打敗了鬼子立功勞！"這些年畫由於不符合封建階級的利益，被官府查禁，也不可能流傳下來。

在義和團抗擊帝國主義勢力戰鬥得最為激烈的天津和直隸地區，反對帝國主義列強的年畫在民間非常流行，甚至走街串巷賣糖的小販貨郎也售賣此類畫張。雖然歷經百年滄桑，但是歌頌義和團抗擊帝國主義的年畫仍有一部分流傳下來，如《北倉義和團大破洋兵》《英法聯軍與團民鏖戰圖》《收復天津》《董軍門大勝西兵》《董帥鎮守大沽炮臺》等。這些年畫都用全景式的構圖表現了義和團及清軍在天津抗擊外國侵略軍的戰鬥，由於場面大、人物多，刻繪不免粗糙，但作品中都很好地表現了義和團及清兵奮不顧身地戰鬥和外國侵略軍被打得潰不成軍的狼狽場景。年畫中所表現的與義和團共同戰鬥的清兵將領是董福祥、聶士成。據史料載，董、聶二人均是忠誠於清政府的將領，特別是聶士成曾一度執行清廷剿殺義和團的命令，但他們率領部隊在抗擊侵略、保衛天津的戰鬥中也表現出堅決和勇敢，與清政府以慈禧太后為代表的投降派形成了鮮明對比。為此，年畫《收復天津》中還附詩一首讚頌其偉績："聶帥深謀遠慮周，空城誘敵大功收，日軍覆沒無噍類，海外強梁一旦休。"此外，民間西洋景八大篇中頗為流行義和團與洋兵在天津作戰的畫面。當時年畫家兼繪洋片，此或可作為探尋反映義和團年畫之又一線索。

第二，反映辛亥革命的題材湧現。

辛亥革命的特殊意義在於推翻了封建王朝，改變了中國社會性質，因此將這部分列出來單獨表述。

到了民國元年，清朝末代皇帝已下台，社會尚稱安定。全國各地年畫作坊開始刻印反映這一歷史重大事件的年畫，如蘇州桃花塢刻印的《上海通商慶賀總統萬歲》，河北武強畫店印製的《大戰青島》，楊柳青戴廉增畫店印繪的《文明進步世界大同》，廣東順德印的《北京城慶賀中華皇會》，福建漳州印製的《革命軍大戰武昌城》湖北黃陂年畫藝人繪刻的《開國孫、黃、黎都督，掃盡滿奴去舊仇》（四條屏），上海舊校場畫店新刻的《中華大漢民國月份牌》等。此外，上海新北門陸新昌畫店印的一幅《天下太平》曆畫（二十四節氣表），將圖上的"宣統"紀元年號塗掉，改成黃帝紀元和"西曆一九一二年"。這些反映了當時社會變革的作品，頗受群眾歡迎。其中《革命軍大戰武昌城》是獨幅年畫。畫中武昌城內大火沖天，城外清兵手舉黃色三角龍旗，一穿黑色軍裝、手握指揮刀的官員在指揮兵英勇頑強抵抗革命軍。革命軍將領手握槍支率兵衝鋒陷陣，士兵手舉紅色方旗，中繡一圓光，外有九角，每角上一圓圈（應是十八個，象徵十八省）。後有騎馬舉刀將官在揮兵乘勝猛攻。交戰雙方兵馬服裝相差不多，但從旗幟方面可以看出勝者為革命軍。

《革命軍大戰武昌城》

第三，軍閥混戰的年畫反映出時代特徵。

從辛亥革命到北伐戰爭止，15 年間，東西南北軍閥混戰不停。中華民國成立後，北方軍權仍然掌握在以袁世凱為首的"北洋大臣"部下的軍人手中。袁世凱死後，分成直、皖、奉三系。因互爭地盤，造成混戰局面。年畫中的《大戰天津》《大戰南口》《大戰灤州》和《大戰山海關》，是河北武強年畫作坊繪刻的一組反映直奉軍閥戰爭的歷史畫。

第四，民國年畫的改良。

民國紀元，蔡元培任教育總長，認為"美感教育應達到實體世界之手段"，在小學加設圖畫、手工科目。民國元年後，女子學堂增添了圖畫課。當時天津楊柳青年畫作坊爭出新樣（改良年畫），以適應新社會市場所需。如榮昌畫店刻印的《改良增新，八鮮祝瑞》、齊健隆畫店出版的《漁人得利圖》、戴廉增畫店印製的《美術教育圖》等，都是具有重要意義的新畫作。

民國 2 年（1913），直隸（河北）巡按使公署教育司在天津以石印法印製出十餘種改良年畫，有《破除迷信》《遊揚立雪》《阿豺》《家禽守信》《樓護》等，每圖均有文字說明，是頗有教育意義的新題材作品。

另外，民國時期，月份牌年畫是隨著商品經濟發展而興起的新畫種，在內容、形式上繼承了傳統的民間年畫的基礎，為人們的新寵。早期的月份牌年畫分石印和木版印兩種，以廣告宣傳形式出現。石版印刷的興起，促使了天津、上海印著色的楊柳青石年畫以及上海彩印月份牌年畫的出現，極大地衝擊了木版年畫市場。隨之促進了印刷方法的改進，機器代替了手工印刷，大大增加了產量。

總之，民國的年畫既繼承了傳統年畫的形式，又吸取了西方的表現手法，色彩豔麗明朗，技法精細，還在題材方面有較大的發展，內容也多有新意。既反映民俗生活，又極富時事政治色彩，兼及新人新事、新的倫理道德和新的社會風尚。

六、當代，年畫重煥青春

　　大多學者將抗日戰爭時期到現在的年畫統稱"新年畫"。新年畫和破除迷信、提倡民主相互聯繫在一起，是年畫發展的一個轉捩點。新年畫採用了木版年畫的構圖、色彩等形式，考慮和尊重了眾多勞動人民的欣賞習慣，充分表達勞動人民的願望和追求。為適應不同的需要，新年畫在內容題材上不斷革新、完善，主要以創作美好事物、理想生活的新題材為主，是人民生活的高度體現。

　　新年畫的產生是與革命宣傳分不開的，其創作的始發地是在抗日戰爭期間的延安和晉東南的抗日根據地。最初，1938 年延安魯迅藝術學院成立後，大部分美術工作者一邊學習，一邊深入社會生活，深入人民群眾，積極參加各種運動，嘗試使用民間形式宣傳抗戰。1939 年春節，延安魯迅藝術學院開展慰問群眾活動時，製作《保家衛國》和《春耕圖》兩幅年畫，並用木刻套色印刷，分贈群眾。與此同時在太行山根據地組成的木刻工作團，也學習和吸收傳統年畫形式和技巧嘗試創作新年畫，畫出了《軍民合作》《開荒》《抗日人民大團結》《一面抗戰,一面生產》《織布》《春耕大吉，保衛家鄉》等作品。到 1941 年，印行了五十多種、四十萬張，極受群眾歡迎，這些作品在宣傳工作中起了重大作用。繼而，根據抗戰形勢的宣傳需要，擴大木刻工作團，建立晉東南魯迅藝術學院分校木刻工廠，大量創作刻印新年畫。其中有門畫、曆畫、四扇屏、連環畫、戰爭畫等多種，還有題為《身在曹營心在漢》的年畫，印成對敵偽軍的宣傳品，使新年畫創作的內容及形式日漸豐富，藝術質量不斷提高。在邊區，新年畫還被作為新年的禮物，通過村公所送到軍烈屬家，常常在敲鑼打鼓的聲勢中，成為一種最高的禮遇，發揮了團結人民打擊敵人的宣傳戰鬥作用。

　　毛澤東《在延安文藝座談會上的講話》發表以後，延安及陝甘寧邊區出現了創作新年畫的熱潮，僅 1944 年冬，延安刻印的套色年畫就達 30 種。針對年畫創作中生搬硬套舊形式等問題，《解放日報》先後發表《關於新年畫利用神像格式問題》和《新年畫的內容和形式問題》等文章，對新年畫的創作進行探討，有力地推動了新年畫創作的發展。當時較好的年畫作品有《念書好》《五穀豐登，六畜興旺》《講究衛生，人興財旺》《豐衣足食圖》《軍民合作，抗戰到底》等。隨著解放戰爭的開展，延安的美術工作者分散到全國各地，新年畫的創作在全國各解放區繼續開展。晉綏地區在"文協"的領導下，1944 年創作了 9 種新年畫，共印製了 11 萬份，其中有的作品還獲得了"七七文藝獎金"。1946 年 10 月，冀魯豫邊區也開始了木刻年畫的改造工作，黃河北岸的二十幾個縣的農村，散佈了 30 餘家大大小小的木版年畫作坊，號稱"碼子店"，它們中的每一家每年都要刻印數十萬套門神和灶王爺等民間年畫。在抗日戰爭時期共產黨領導的抗日根據地，向民間美術學習，新年畫採取傳統刻印方法，以紅火熱鬧的形式，密切配合了當時的政治、軍事、經濟鬥爭的需要，成為當時抗日根據地美術成就的重要標誌之一。

　　1948 年"三大戰役"後，人民解放區迅速擴大，新年畫隨著解放軍的戰略轉移又由農村進入城市。東北解放區新年畫創作數量多、影響大，不少作品反映了土改及參軍保田運動，被群眾稱為"翻身年畫"。僅在 1947 年東北畫報社就出版年畫 20 多種，其中如《闔家歡樂》《新年勞軍》《喜氣臨門》《民主聯軍大反攻》《兒童勞軍》《戰鬥英雄，勞動模範》等都是比較優秀的作品。華北解放區年畫創作也非常活躍，華北聯合大學美術系教學和創作就把年畫作為主要內容，讓一些民間藝人接受培訓。1948 年出版年畫 30 多種，印數多達 60 萬份，比較優秀的作品有《參軍圖》等。

　　中華人民共和國成立後，在解放區新年畫運動經驗的基礎上，新年畫創作和舊年畫改革齊頭並進，在全國各地都得到了迅速的發展。1949 年 11 月 23 日，毛澤東批示同意由文化部部長沈雁冰署名發表文化部《關於開展新年畫工作的指示》，明確提出"在年畫中應當著重表現勞動人民愉快的鬥爭生活和他們英勇健康的形象。在技術上必須充分運用民間形式，以適應廣大群眾的欣賞習慣……此外，還應當著重與舊年畫行業和民間畫匠合作"。這份在現代美術史上具有重要意義的文件是 11 月 22 日經陸定一、胡喬木報毛澤東、劉少奇、周恩來審批，27 日由《人民日報》公開發表的。文化部這一簡短的檔，可以說把發展新年畫的每一方面都詳盡地指示到位了。

此後，在群眾中有較深基礎的新年畫得到了政府的重視與扶植，各地方文化機構及出版部門採取種種措施，積極動員和組織畫家及民間藝人參加創作，並在深入生活及創作觀摩等方面為創作者提供便利條件，從而使創作質量得到提高並在短時期內取得可喜的成果。據不完全統計，1949 年即有 23 個地區創作出版了新年畫 412 種，發行量高達 700 萬份。參加創作的畫家有來自解放區的美術工作者和幹部，也有中國知名的畫家、油畫家、版畫家。他們肩負為人民服務，將群眾與年畫創作結合的光榮任務，在傳統的基礎上進一步吸取了中國畫和水彩畫的技巧，表現手段趨向豐富。新年畫在印刷技術方面也有了很大進步，雖然木版年畫仍在部分農村地區使用，但絕大部分都採用了膠版印刷，年畫形式風格有了新的發展。為了鼓勵新年畫的創作，文化部於 1950 年徵集新年畫作品，邀請專家並根據群眾的意見舉行新年畫評獎。5 月，經文教委員會主任郭沫若、文化部部長沈雁冰等最後審定，頒發了 1950 年新年畫創作獎金，共有 25 人獲獎，其中王琦的《農民參觀拖拉機》、古一舟的《勞動換來光榮》、安林的《毛主席大閱兵》獲甲等獎。

1952 年全國創作新年畫 500 餘種，為了鞏固新年畫運動的成果，文化部於 7 月再次頒發新年畫創作獎金，在兩年來的 1000 餘幅作品中選出得獎作品 40 幅，當 39 人榜上有名時，已經昭示了新年畫運動有了超於往年的發展，新年畫創作的地區和人數均已翻番，而出版發行的數量則由 700 余萬份增至 4000 萬份。新年畫的內容也隨著形勢的發展增加了經濟建設、抗美援朝、保衛世界和平等題材。

新年畫運動的推行到 1953 年，年畫一統天下的局面和要求藝術一味反映現實政治的藝術方針在政權穩固之後必然會得到相應的調整，以適應變化了的現實生活的要求。不少畫家轉向其他畫種的研究和創作。但仍有相當數量的作者堅持年畫創作,而且

《毛主席大閱兵》

深入生活，提高技巧，努力克服創作中的公式化、概念化，藝術上更為成熟，畫出了《數他勞動強》《趕春會》《唱個山歌送代表》《考考媽媽》等現代題材作品。此外，還有以傳統戲曲故事為題材的《西廂記》《武松打虎》《梁山伯與祝英台》等作品。

"文化大革命"十年動亂，年畫同其他美術作品一樣遭受了"四人幫"文化專制主義的扼殺，被貼上"四舊"的封條，使年畫藝術遭到前所未有的破壞，一些珍藏的傳統年畫資料也被劈燒砸爛，造成萬馬齊喑的蕭條冷落局面。

十一屆三中全會後，國家進入改革開放時期，年畫藝術又得到了新生。一支年畫作者隊伍重新開始形成，受迫害的老年畫家恢復了創作，題材內容及藝術形式又展示出百花齊放的局面，表現現代題材及傳統歷史題材的年畫都出現了優秀作品，獲得了群眾的熱烈歡迎。年畫作為藝術門類中的一種開始得到各藝術專業單位及高等學院的重視。1974 年天津美術學院繪畫系招收了前所未有的年畫專業班；1979 年中央美術學院成立了年畫連環畫系，並招收首屆年畫研究生。年畫的發行量逐年增長，1981 年年畫總發行量達 7 億張左右，相當於 1949 年的 100 倍，有些受歡迎的作品印數高達 600 萬張。

1983 年舉行了全國第 1 次年畫會議，翌年舉辦了第 3 屆全國年畫評獎，評出《女排奪魁》（李慕白、金雪塵）、《敬愛的元帥》（樊懷章等）、《江山多嬌》（陳繼武、盛二龍）、《花繁果碩人長壽》（丁樓辰）、《祖國啊！母親》（劉嘉奇）、《菜綠瓜肥產量多》（金梅生）、《同歡共樂》（劉文西）7 件一等獎在內的年畫 141 件，另外還設立了年畫作者獎、年畫編輯獎、年畫研究工作獎、年畫出版工作獎及年畫發行工作獎，對年畫有特殊貢獻者被授予榮譽獎。

新年畫在炮火紛飛的年代發展成長起來，經歷了新年畫的轉折、"文革"的特例、現代生活方式的衝擊、尋根熱潮的眷顧，可以說發展的道路是曲折的，但成就是可觀的。今後，面對市場經濟和社會轉型的壓力，年畫為適應年節裝飾的需要，題材內容更加廣泛，除表現現代生活及歷史故事外，山水、花鳥也有相當比重，藝術上借鑒了其他畫種的表現技巧，使形式風格不斷豐富，以滿足百姓的藝術需要，推動年畫不斷向前發展。

七、國內外受熱捧，收藏年畫有"潛"景

在中國傳統民間文化中，年畫在一定程度上反映了歷史文化、風土人情的發展，已成為我國人民精神文化生活中不可缺少的組成部分。如今，它又成為頗具收藏和欣賞價值的收藏品。

國外及我國臺灣等地區對中國年畫的收藏已經先行中國大陸一步。這是因為，一方面，傳統年畫一直是人民大眾喜聞樂見之物，然而因其創作者都是民間匠人，一直不為達官貴人、文人墨客所重視；另一方面，由於帝國主義對中國的侵略，社會動盪不安，經濟崩潰，鮮有人有心力去收藏年畫等藝術品。

早在鴉片戰爭前，英國人就開始收集中國年畫了，並出版了一本《中國風俗畫集》。清末，法國人愛德華·夏凡納、俄羅斯人阿列可塞耶夫於光緒三十三年（1907）來華，在我國北京、河南、上海、天津、廣東等地收集了大量年畫。嗣後法國人亨利·道爾編印出版了一本《中國迷信之研究》。來華收藏中國年畫的還有德國衛禮賢、波蘭夏白龍、法國杜伯秋、日本澤村幸夫、岡田伊三郎、西村春吉、中山善次、通口弘等人。

國外收藏中國清代年畫最多的，莫過於俄羅斯了，聖彼德堡、莫斯科等地的民族學、宗教、美術及阿爾米塔什等博物館和東方藝術館中所藏的中國民間年畫（神像、木刻）等近五千件，其中有一件遼金時代的《四美圖》是有記載的最早的一幅木版年畫。俄羅斯國家東方藝術博物館收藏品最為精美，民族學和宗教博物館收藏的風俗題材的年畫最多。藏品中有關民俗的，有《新年初二接財神》《五世同堂慶賀新年》《莊稼忙》《端陽喜慶》《時興京秧歌》《孟母三遷》《老鼠娶媳婦大拜華堂》以及《魁星點鬥》《灶君》《馬王之位》等，

這都是民俗研究的珍貴資料。

外國宗教傳教士和民族學家、美術家、獵奇者等等，不僅大量收集中國木版年畫、複製成圖、還編印成書，有的作為研究成果應用到自己的美術藝術當中，如桃花塢年畫對日本的版畫就有深刻影響，日本版畫家小野忠曾在《蘇州版畫及其時代》一文中說："中國年畫感動了日本浮世繪版畫家，'浮世繪'的新構思，無不以此參考。"有的則是作為文化侵略，宣傳中國人民愚昧落後，甚至把它用來麻醉中國人民，作侵華戰爭之宣傳物，如 1928 年倫敦出版的《中國財神》，日本 1941 年的《支那民間之神》等。

我國對民間年畫價值的重視，始於清末"戊戌變法"之後，當時提倡辦學堂，練兵圖強、改革陋習等，影響到北京之外的天津楊柳青年畫作坊。1911年，辛亥革命後，北京大學風俗調查會開始專題收集和調查有關民俗方面的實物，如 1924 年 1 月，為配合農曆年，曾徵集過各地的新年民俗物品，共得神紙、年畫等 286 件。現代中國，個人最早注意收藏木版年畫的是魯迅先生。魯迅所藏的開封年畫，現藏於魯迅紀念館中，經中國年畫收藏研究專家考證，這些年畫都是孤品，經濟和藝術價值都不可估量。後有鄭振鐸、晏子匡、張光宇等先生也都有收藏。北方有于鶴年、王振清收藏較豐，前者收藏紙馬 2000 餘件，後者以楊柳青年畫粉本為多。

近現代，海外對中國年畫的收藏再次出現極高的熱情。30 年前，富足起來的新加坡華人畫廊的展品就是來自祖國大陸的歷代年畫。在國際上，有許多圖書館、美術館，如荷蘭圖書館、德國萊比錫圖書館，就專門收藏中國年畫。中國政府也非常重視年畫藝術的保護，組織人員收集年畫，出版成冊，先後印行了《華東民間年畫》《楊柳青年畫資料集》《桃花塢木版年畫》《晉南木版年畫資料》《中國美術全集》《中國古版年畫選》。最近還有《中國年畫史圖錄》《中國年畫百圖》《蘇聯收藏中國年畫珍本集》等書籍。在當代，年畫藝術研究者個人收藏的人數和對年畫收藏的數量不斷增多，老版年畫收藏最多的是中國藝術研究院研究員王樹村。王樹村從 20 世紀 40 年代開始收藏主要年畫產地的年畫，現有藏品近一萬件，對年畫的收藏在世界上堪稱第一人。

近些年來，隨著人們生活水準的提高和家居環境的變化，尋找投資的熱錢湧動，在"中國大媽"搶購黃金的時候，還有一部分人盯住藝術市場。年畫是貼在牆上的藝術品，每年都要更新，所以遺留下來的很少，特別是品相好的更少，因此具有收藏的稀缺性特點。加上，年畫被列為國家級非物質文化遺產以及國際美術界的重視、全球收藏界的投資，更加大了年畫的供求缺口。

年畫的收藏熱情在藝術拍賣市場上，量價齊升的現象，可以充分體現。現在老版年畫的價格居高不下，每幅幾百元至數千元不等。早期的年畫早已是鳳毛麟角，屬稀世珍品，如明清、民國及新中國成立初期的《老鼠嫁女》《壽星圖》《瑞草圖》《觀音送子》《太白醉酒》等，早已為中外收藏者所珍愛，被譽為"可與中國明清珍本繡像插圖相媲美"的藝術珍品。據《2011 秋季中國藝術品拍賣市場調查報告》統計，2011 年秋中國藝術品拍賣（8 月 1 日至 12 月 31 日）成交總額呈環比負增長，為 428.07 億元人民幣，與 2011 年春拍基本持平，且 2011 年秋拍參拍公司、拍賣專場、上拍量等創歷史新高。

那麼，什麼樣的年畫值得收藏？業內人士介紹，年畫年代越久遠、印刷越精美、存世量越少就越有收藏價值。如變法題材的《捉拿康有為》、表現反帝國主義侵略的《劉提督克復水戰得勝全圖》，既有百年的歷史，又是當時的查禁品種，傳世作品屈指可數。而《民國初年月份牌》《大戰天津圖》《德日爭奪青島圖》、解放區木版浮水印《1949 年新年畫》（12 張全套）等就是文物級藏品了。

收藏年畫既可以享受傳統文化的薰陶、延續年畫文化，又可以坐等升值，取得較好的經濟效益，可謂一舉兩得的好事。但是隨著年畫市場受到國內外收藏玩家的熱捧，不免有些不懷好意的人，用新畫做舊的手段，拿贋品當文物，欺騙買家，此行為實在可惡。在此筆者提醒年畫收藏者："畫"市有風險，入市要謹慎。

第六編　年畫的豐富內涵

　　年畫是過年裝飾的重要內容，取材於民間，用之於民間。年畫以繪畫的形式向人們傳達著強烈的資訊，有著自己獨特的特點。年畫種類和形式上有很多種，題材上也非常廣泛，含義各有所異，但都表達了人們對美好生活的嚮往。

一、獨一無二，自有特點

年畫本是畫，姓"年"，也就是既有畫特徵的普遍性，也有其"年"的特殊內涵，以區別於其他繪畫藝術。從歷來受群眾歡迎的年畫作品來看，其特點不僅表現在形式上，尤其重要的是在表現內容和用途上，總結起來有以下幾個方面。

1.除舊迎新，良好的祝願——年畫的重要主題

從年畫的發展過程可以看出，年畫的懸掛張貼起先並非為了觀賞或裝飾美化，而是為了驅邪納祥、祭祀供奉、喜慶恭賀或道德教化。民間年畫具有較強的趨利避害觀念，這種觀念是絕大多數年畫的創作靈魂。

民謠曰："年畫要使人有看頭、有想頭、有講頭、有勁頭、有奔頭。"傳統年畫講究"皆取美名，以迎祥祉"。這"祥祉"即吉祥幸福的意思。它表達了民眾對幸福美好生活的嚮往與追求，年畫是這種觀念的載體和表現形式。傳統的年畫有《連中三元》和《招財進寶》等，表達了升官發財的思想。還有新年畫如《風調雨順》《瑞雪豐年》《四季平安》《五穀豐登》等寄託著良好的祝願，至今仍在每年

《四季平安》

的春節年畫裡出現。

雖然近現代以來許多新題材內容的年畫也在流行，但只有那些兼有吉慶祥瑞內涵和傳統表現形式的年畫才是深受人們喜愛的，傳統年畫更是如此。可以說絕大多數年畫中都隱含了某種古老而深沉的信仰觀念、價值倫理、風俗觀念。

2. 裝飾性

年畫的裝飾性，首先是為適應新春佳節的需要而產生的，同時也受工具材料和被裝飾的場所的制約。辭舊歲，迎新年，是我國最重要的一個佳節。過去窮苦如楊白勞那樣的貧農，過年也要買一對"門神"貼上，以增添新年的喜氣。農村中但凡條件允許，家家戶戶不僅大門上要貼門畫，室內要掛"中堂"或炕頭畫，就連豬圈、牛棚、雞舍等處，也都喜歡貼上花花綠綠的"欄門畫""槽頭畫"等，屋裡屋外裝扮得一派節日喜慶的氣象，確實能使屋子煥然一新，讓人精神振奮。

現在，各地的新年畫創作都比較重視裝飾性的問題，這是繼承年畫傳統的表現之一。年畫中，無論是花草樹木還是人物，既寫實又誇張，線條粗獷有力而又圖案化，色彩鮮明對比而又和諧統一，動態自然活潑又有節奏感，構圖充實飽滿又簡練單純，把形象的真實性、情調的歡樂性與年畫的裝飾性巧妙地結合起來，悅目提神，達到強烈的藝術效果。

3. 人物形象飽滿，美感強烈

從形式上來看，年畫人物構圖大都追求飽滿完整、豐富勻稱，從而使畫面和諧統一。年畫的完整飽滿式構圖體現了老百姓樸素的思想情感和審美要求。當然，這種完整飽滿的構圖與印刷技藝也是有一定關係的，特別是大幅的木版印刷。如果畫面空白太多，在印刷的過程中紙張很容易塌陷在印版槽內，沾染其他顏色，影響年畫的畫面效果。這種構圖方式在各種體裁的年畫中都有所體現。

　　戲出等連環故事畫也常採用全景式的構圖，整體合情地佈局人物、景物和道具。單幅畫中的門神畫除獨座門神外，大都是成雙成對、佈局完整、外形輪廓渾然一體，形象鮮明、強烈突出，但細部對比又富有變化。

　　許多耕織圖將各種人物、動物、風景等打破時空局限，大小疏密穿插佈局，畫面整體完整，氣氛活躍，生動而不雜亂。

　　這種求整、求全、求美的觀念也體現於民間年畫的形象造型中。人物造型要求完整，忌諱殘缺的形象，畫中人的面部要麼為正相，要麼為"三分臉"，切忌半個臉，否則被認為不周全。門神常常是圓渾飽滿，文官挺胸腆肚，武將威武有力，形象常充滿畫面，顯示出一種張力。

　　其他形象的取材，也時常追求完美而不僅僅拘泥於一般的生活表面現象，在原有的基礎上增加合情而富於浪漫的想像和誇張，如許多祥禽瑞獸、花卉果蔬等，來追求觀念中的真實。

4. 娛樂性

　　民間年畫藝人說："畫中要有戲，百看才不膩"。"戲"除指戲曲舞臺上的戲，也泛指有趣的故事內容。傳統年畫從來不取病梅或枯藤、敗葉等題材，顯然與春節歡愉的氣氛有關。春節在家裡貼上一張或一套戲曲故事的年畫，對於廣大民眾來說，真是既有看頭又有講頭的樂事，大人孩子都喜歡。

　　過年就是要歡歡喜喜地度過年關。年畫要能歡娛春節，滿足人民群眾的欣賞趣味。群眾感興趣的東西是多方面的，不僅限於熟悉的戲曲故事，傳統年畫中報曉的公雞、耕田的春牛、鎮鼠的大貓、登梅（楣）的喜鵲等動物，還有花卉、風景等，都頗受觀眾歡迎。年畫把人民喜愛的花鳥和珍禽異獸畫得惟妙惟肖，供人歡娛春節，是合乎時宜的。

5. 時代性

雖然年畫起初誕生時，只有辟邪驅害的功能，但經過演化，具備了時代特徵。在不同的歷史時期，年畫反映出不同的內容。國家太平時，年畫表現出花香鳥語、農作物豐收等題材；而戰亂時，年畫則有劍拔弩張的情節。如《南北軍大戰天安門》圖描寫民國 6 年（1917 年）張勳復辟之事；《民兵抗日門神》，畫面上是一位元身材魁梧、濃眉大眼的民兵，正英姿颯爽地躍馬揚刀，炯炯有神的雙目，似在怒視日寇，把革命主題與傳統門神畫的娛樂性結合起來，成為當年轟動一時的年俗時令藝術品。到了 20 個世紀 60 年代，毛主席發出了兩個號召，那就是"向雷鋒同志學習"和"知識青年到農村去"。年畫就有《學習雷鋒好榜樣》《志在農村山水間》等。《鋼糧元帥》的畫面中，趙公元帥高舉"大煉鋼鐵"的標語，門神抱著碩大的玉米棒子，長鬍子也被誇張地表現為金黃的麥穗，漫畫化地反映了"大躍進"時期的社會資訊。抗美援朝時出現了《打不盡豺狼不下戰場》等年畫。

6. 教化性

年畫雖是裝飾春節、辟邪納福的道具，但它能在人們的玩賞當中，以潛移默化的力量，影響人的思想認識和感情愛好。

在古代社會，統治者雖然認為年畫不能登大雅之堂，但也意識到了"成教化，助人倫"的作用。除了用《農忙圖》之類的年畫，安撫民眾情緒，為統治者服務，還有鼓勵人們走向仕途，升官發財的，如《五倫圖》《升官晉爵》《招財進寶》等。新年畫在抗日根據地誕生後，為革命服務，在引導一些沒有革命意向的群眾走向正確的道路方面起到了積極的作用。新中國成立以後，雖然賦予了男女平等、婚姻自由的權利，但是受根深蒂固的傳統思想影響，不少地方還是有包辦婚姻、買賣婦女等現象。為此，繪製的《梁祝》和《劉巧兒》有較大的宣傳教育意義。當前，全體人民在中國共產黨的領導下為實現"中國夢"而努力，最為大家喜愛的年畫，應該為"中國夢"做好宣傳，鼓勵人民奮勇前進。

總之，寓教於樂是年畫固有的傳統，如果注意年畫的特點，繼承傳統，推陳出新，在滿足群眾審美趣味的同時，盡可能地進行積極的宣傳教育，是新年畫能夠勝任而又義不容辭的光榮職責。

　　除了以上幾點外，有人還認為年畫有廣泛的群眾性、節日性、持久性、題材的豐富性……這些特徵支撐了年畫的生命，使其經久不衰。相信在政府的支持下和民眾的熱心參與下，年畫藝術會代代相傳，永遠延續下去。

二、類別雖異，祈望相同

分類是複雜的工程，大有學問。對某些事物分類，不同的人從不同的角度出發，得出的答案往往大相徑庭，歷史悠久的年畫分類也是如此。

1. 按印製工藝分

按印製工藝，年畫可分為木版年畫、水彩年畫、撲灰年畫、膠印年畫。木版年畫是歷史悠久的中國傳統民間藝術繪畫形式，有著一千多年的歷史。唐代以來佛經版畫的發展雕版技術的成熟和宋代市民文化的發展都大大促進了木版年畫的繁榮。宋金時期，現存最早的木版畫"四美圖"是精美絕倫的木刻版畫。道光年間，在李光庭著的《鄉言解頤》一書中，正式提出了"年畫"一詞。從此，所謂"年畫"就擁有了固定含義，即是指木版彩色套印的、一年一換的年俗裝飾品。隨著傳統習俗的改變和社會的變革，手工製作的木版年畫逐漸被機器膠印所取代，出現了瀕危局面。中國政府啟動了"中國民族民間文化保護工程"，傳統木版年畫和許多其他瀕危的傳統民族民間藝術一道被列入了搶救和保護的對象。

水彩年畫是年畫的表現形式，構圖和人物在上色時使用水彩技法而製成。水彩畫是用水調和透明顏料作畫的一種繪畫方法，簡稱水彩。由於色彩透明，一層顏色覆蓋另一層可以產生特殊的效果，但調和顏色過多或覆蓋過多會使色彩骯髒，所以水彩畫不適宜製作大幅作品，適合製作清新明快的風景等小幅畫作。製作水彩年畫的關鍵就是挑選良好的水彩紙，良好的水彩紙能夠在大量水分和快速反復塗抹下不起毛球，但價格也十分昂貴。

撲灰年畫是中國民間年畫中的一個古老畫種，始見於明代成化年間（1465~1487），盛行於清代。撲灰年畫的製作工藝相當複雜，一整套工藝下來有 20 多道工序。藝人打好複稿以後，用柳木炭條起線稿，再用畫紙線上稿上撲抹"複印"。這樣，一張畫稿可以撲成數張。從現有的資料看，現在只有山東高密一地存在這種年畫。所謂撲灰，即用柳枝燒灰，描線作底版，一次複印多張。藝人繼而在印出的稿上粉臉、手，敷彩，描金，勾線，最後在重點部位塗上明油即成。

膠印年畫就是通過現代的印刷手段印製的年畫。膠印是平版印刷的一種，簡單地講膠印就是借助於膠皮（橡皮布）將印版上的圖文傳遞到承印物上的一種印刷方式。現在過年貼的門畫大多是由印刷廠製造的膠印年畫，我們平常看到的報刊、雜誌上刊登的年畫作品，都是膠印而成。

2. 按照題材分

按創作題材，年畫可分為神像類年畫、寓意吉祥類年畫、戲文故事類年畫。

神像類年畫，是由門神、財神、灶神、佛像等畫像製成的年畫。羅列起來，主要有觀音菩薩、鍾馗、秦叔寶、尉遲恭、關公、馬超、灶神等神佛像。《秦叔寶、尉遲恭》兩將除了持鞭鐧外，各持一立斧，故又稱"立斧"門神。下端有一狀元郎騎著麒麟，有文武童子相隨，表達一種平安吉祥、得第升遷的喜慶氣氛。

寓意吉祥類年畫，如《年年發財》《招財進寶》《麒麟送子》《吉祥如意、萬福崇來》《一本萬利》《一品當朝》《子孫萬代》《和氣致祥》等。畫中以蝙蝠、佛手寓意幸福，蟠桃寓意長壽，葫蘆瓜寓意子孫繁衍等。

戲文故事類年畫，多以歷史故事、戲劇故事、神話故事和傳說為題材，如《桃園結義》《三英戰呂布》《西廂記》《五鼠鬧東京》《老鼠娶親》等。《老鼠娶親》以擬人手法，把老鼠嫁女的熱鬧場面描繪得形象逼真：送禮的、鳴金吹喇叭的、抬轎打彩的，一個個活靈活現。作品將貓鼠描繪成相安無事，給人以豐富的想像空間。

《老鼠娶親》

3. 按著色層次分

按著色層次，年畫可分為黑白年畫、單色年畫、彩色年畫。

黑白年畫，即只用黑色或白色一種顏色，畫面只呈現黑白效果的圖畫叫作黑白年畫。黑白年畫以黑、白對比為造型手段，畫面主題以黑、白形體的巧妙組合來得以充分表現，具有高度概括的藝術特色。在中國人民心中，黑是實，白是虛，黑是一切，白則是空靈。黑與白如同有與無的相互浸潤滲化，從而造就一個實中有虛，虛中有實，有無相生的大千世界。但，黑白在中國大部分地區的文化中，有不喜慶的意思，所以在使用時，要加以注意。

單色年畫，又稱為獨色年畫，是只用一種顏色，以加黑白顏色區別深淺的年畫。

彩色年畫，用水性的彩色顏料印製而成的年畫。桃花塢木版年畫只用紅、黃、綠、藍、黑五種色彩；楊柳青年畫則採用雕版印出輪廓線條，再以人工填色暈染；四川綿竹木版年畫先印線條，人工填彩完成後再套一次金線版。

4. 按年代分

按創作年代，可分為古代傳統年畫、新年畫。

由年畫的發展史可以知道，從年畫誕生到民國的年畫都叫古代傳統年畫，儘管民國時期有對年畫的改良，但是仍然沒有脫離傳統意義上的年畫。從抗日戰爭以來，解放區興起的年畫到如今，都被稱作新年畫。在黨和政府的引導下，新年畫為社會主義精神文明建設做出了重大貢獻。

此外還有一些分類方法，如按國家地區分，可分為中國年畫、西洋年畫；按年度月份分，可分為年度年畫、月份年畫；按產地分，有開封朱仙鎮年畫、河南周口年畫、山東濰坊楊家埠年畫、天津楊柳青年畫、江蘇桃花塢年畫、四川綿竹年畫等。還有以畫幅大小和加工多少來區別。整張紙大的叫"宮尖"，一紙三裁的叫"三才"，加工多而細緻的叫"畫宮尖""畫三才"。另有從印制的時間上說，六月以前的產品叫"春版"，七八月以後的叫"秋版"。

儘管年畫的分類不盡相同，但是大部分內容取材于諸如歷史故事、神話傳說、戲曲人物、世界風情以及山水花鳥、典故、成語等，表達的願望如避凶、吉祥、喜慶、歡樂、幸福等美好情感，是年畫較為通行的主題。

三、表現形式，不拘一格

說到年畫，大家很容易想到過年時貼的門神畫，其實年畫不單是門神畫這一種表現形式。年畫的體裁由於各地的生活條件和習俗的差異，以及不同屋宇建築格局和裝飾的需要，有不同大小開張及橫豎方直等多種樣式。從年畫的開張來看，有整張、對開、三開、四開、斗方等；從裝飾環境的部位來看，則可分為門畫、中堂、對聯、橫披、條屏、炕圍畫、格景、月光、對屏、窗畫、曆畫、喜畫、瑞符、桌圍、缸畫等多種，體裁樣式之繁多，種類之豐富，為其他畫種所不及。

門畫是最為常見和最易理解的一種表現形式，是由門神畫發展而來。門畫為整張紙或對開紙，一般以對稱雙幅出現。除夕那天，家家戶戶將門神畫貼於門上，用來裝飾門，並表達美好願望。

門神主要分文武兩種，開張也大小不等。武門神為神話或古代武將人物，有神荼、郁壘、秦瓊、尉遲恭、鍾馗、關羽、趙雲等；文門神多為一些身著朝服的文官，如天官、仙童、劉海蟾、送子娘娘、招財童子、小財神等。

中堂，也稱板屏、立屏、立宮間，專門張掛於客廳北牆居中設置香燭案的牆上方的年畫。尺幅為整張紙，裱成立軸形式，兩旁還常配以對聯，多為單幅，也有雙幅成對的。內容以福祿壽喜、吉利熱鬧為主，如和合二仙、天仙送子、吹簫引鳳等，也有戲文故事、山水花鳥等題材。對聯掛于單幅中堂兩邊的條對，幅面窄長，與中堂配為一套。多印以文字，內容與中堂相一致，網底為吉祥圖案；也有的巧妙用圖畫配文字，或純以圖案裝飾組成"畫對"。

"橫披""豎披"，又叫"橫匹""豎匹"，也稱為貢尖、貢箋等，是指一般偏於狹長開型的一種單幅年畫。橫長方構圖的年畫叫"橫披"，直長方構圖的年畫稱"豎披"。這種形式在年畫中最為常見，一般張貼於面積較小的穿堂間、雜用間的牆上。有整張紙的，也有三開、四開及更小的畫幅。圖繪內容豐富，生活風俗、戲文故事、山水花卉等均有入畫。

條屏，系從古代屏風絹畫演變而來，為豎長形畫幅，有二條屏、四條屏、六條屏、八條屏等。有的每條一圖，全套配成統一的主題，如春夏秋冬四季風、梅蘭竹菊四君子、四美女、四居士、八仙圖和八吉祥等。有的以多幅畫面（一般每條分三四幅）組合成連環故事，如著名的故事"三國演義""西廂記""白蛇傳"等都在其表現之列。

炕圍畫，北方民居有炕，三面靠牆，容易將被子蹭上灰，於是沿炕的牆上貼飾炕圍畫，既美觀又整潔。炕圍畫的形式構成有一套固定的程式。即以上下兩組邊道，按照一定的規格佈置而形成其主體框架，中間等距離安排各種畫空。既具完整對稱的裝飾形式美感，又具簡繁對比、主從相映的豐富表現內涵。炕圍畫的高度一般為二尺（約 0.7 米）左右，現今由於房屋建築日漸高大寬敞，炕圍畫亦有逐步增高之勢，其長度則依照炕的大小而定。有的畫面四邊還裝飾有花紋，更加華美豔麗。

"方子""斗方"，是指一市尺（約 0.3 米）見方左右的一種小方幅年畫。有單幅，亦有雙幅對稱。大者多貼于民居迎門的影壁上，小者多貼於傢俱、門楣等處，以烘托喜慶氣氛。內容多為四時花卉組成的福字或各種吉祥圖案，常見的有"出門見喜""出入平安"等。

"月光"又稱圓光，用於貼在窗戶兩旁的牆上，畫幅為長方形，但畫面多用圓形開光裝飾，故稱月光。兩幅畫的內容常對稱統一，題材有娃娃、美女、花卉等，內容有《吹簫引鳳》《指日高升》《桃獻千年壽，榴開百子圖》等吉慶圖形。如雲南月光紙，即月光紙馬。每逢中秋節都要拜月亮，月圓時供奉香火、黃錢、水果等，焚燒月光紙馬，祈求月神保佑家人安康、團圓。這類形式的年畫，一般張貼於衣櫃的兩扇門上，亦有

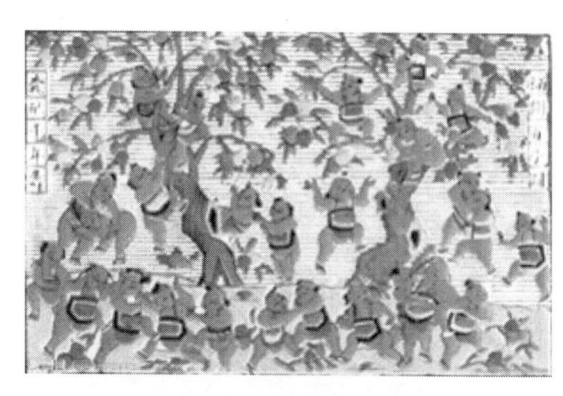

《桃獻千年壽，榴開百子圖》

貼於臥室的門上、床兩側的欄板上，以及臥室內的牆上。

窗畫在過年時如同剪紙一樣，直接貼於窗櫺上，與窗格相適，多為方形，內容大多為花卉，亦有風景或故事。還有適應大窗格的大窗畫紙，飾以龍鳳、雄雞與吉祥花卉，畫面更為豐滿。貼於窗戶兩邊的豎長窗畫，稱為"窗旁"，窗戶上端的橫長窗畫，稱為"窗頂"。二者常配合貼用，繪以人物故事等，連續完整。窗畫最大的特點是在薄紙上加以套色彩印，色彩豔麗，經日光映照，有剔透之感，更加美觀。

曆畫又稱春牛圖，是印有節氣、農時的年畫，尺幅四開或六開，一般是上印二十四節氣，下印春牛、倉囷或神像等。幾乎家家必備，多貼於門旁壁間或牛棚馬廄，以便參照節氣時令安排耕作。也有"消寒圖""三年早知道"及農事連環畫。節氣表需每年更換，採用活版鑲嵌套印。

對屏，即兩幅立貢箋組成一對，內容有仕女、童子、花瓶及風景等。如"狀元及第""加官進祿"，色彩豐富，構圖飽滿，線條工整，畫面嚴謹雅致。

喜畫，是用於裝飾納彩、新婚、生子等場面的年畫，內容多為祈福迎祥的題材。

瑞符，即護符，幅面不大，畫面多由吉祥文字、圖案或八卦圖構成。陝西鳳翔瑞符"大雞"由吉祥動物和植物組成。

"桌圍"，是指過春節時，專門貼於客廳裡"八仙桌"上正面作裝飾的一種年畫。幅面橫約二市尺半（約 0.8 米），豎約三市尺（約 1 米），稍帶一點直長方形。

"缸畫"，是一種幅面不到一市尺（約 0.3 米）見方，構圖分為直長形和橫長形兩種類型的小幅年畫。一般張貼于米缸、水缸、飼料缸等缸器上。

在年畫演變的過程中，形成了多種表現形式，上面所列的也只是比較常見的一些年畫形式，還有許多年畫有待於挖掘。當然，隨著社會的進步，年畫也會衍生出更多的形式，裝點中華兒女的美好生活。

四、題材豐富，寓意祥瑞

年畫表現的是民間百姓在歲末對新一年生活的希冀，反映的內容從最初單一的驅鬼除邪到祝福納祥，逐漸走上喜氣洋洋，有社會生活、歷史故事，題材日趨豐富。總結起來，年畫的題材大體有以下幾種。

1. 門神題材

門神是年畫的"鼻祖"，也是年畫主要的題材。早在漢代時，人們就將神話中的神荼、鬱壘畫在桃木板上，於除夕掛在門前，驅鬼除邪，後來相繼發展為武門神和文門神。

武門神，傳說稱為"戶尉門神"，也被叫作"鎮殿將軍"，據說有鎮宅辟邪的作用。武士造型魁梧、強悍，面目不在"可懼"，而是以甲胄兵器顯示神威，構圖追求愉悅。即使畫為橫眉立門，也以憨態莽氣可人。

鍾馗，為道教和中國民間傳說中能打鬼驅除邪祟的神，被譽為"賜福鎮宅聖君"。古書記載他是長安終南山人。民間常掛鍾馗的像賜福鎮宅，跳鐘馗舞祈福祛邪。

初唐名將秦瓊、尉遲恭成為門神則是在唐以後，現在仍是非常盛行的門神。關於二人成仙的記載，有的說是始見於吳承恩的《西遊記》，也有人查到話本小說《三教源流搜神大全門神二將軍》有詳細表述："傳唐太宗不豫。寢門外拋磚弄瓦，鬼魅呼號……太宗懼之，以告群臣，秦叔寶出班奏曰：'……願同敬德戎裝立門外以伺。'太宗可其奏，夜裡無驚……太守命畫工圖二人之形象……懸于宮掖之左右，邪祟以息。後世沿襲，遂永為門神。"門畫中秦瓊的形象為白臉，尉遲恭則為黑臉，都是手持兵刃，威風凜凜。

　　武士門神名單，皆為婦孺皆知的良將忠臣、英雄好漢。如蕭何與韓信、馬武與姚期、關羽與周倉、趙雲與馬超、裴元慶與李元霸、孟良與焦贊、徐延昭與楊波、穆桂英等。另外，《封神榜》及神話傳說中的哼哈二將、天王殿裡的四大金剛，也都被作為門神的形象。

　　對福善、長壽、喜慶、富貴、吉祥、平安的渴望是百姓千古永恆不變的追求，而文門神在這當中扮演著重要的角色。

　　在民間，"五福"又被解釋為"福、祿、喜、壽、財"。最初的祈福文門神，是在武士門神基礎上，複加爵、鹿、福、喜、寶、瓶、鞍等狀，利用漢語諧音及象征討取吉利。如爵樽，意指"官爵、爵位"，鹿諧音"榮祿"，瓶鞍諧"平安"之意。這種表現方式，容易被百姓理解。

　　文門神多為一些身著朝服的文官，如天官、仙童、劉海蟾、送子娘娘、招財童子小財神等，其中以天官居多。

　　天官實為三官之首，三官為"天官、地官、水官"，源於道教。天官號稱"賜福紫微帝君"，又稱"賜福天官"。民間以天官為福神，同時與祿、壽二仙並列，即福、祿、壽三星，又稱"三星高照"，一般都貼在堂屋正門或老年人居住房門上。此類門神頭戴烏紗帽，身著一品繡鶴朝服，腰掛玉帶，右手或抱象牙芴板，或執如意吉祥器物，眉清目秀。壽星，古人又稱為老人星或南極仙翁，光額白須，執杖捧桃，笑容可掬。就連鍾馗除持械站崗外，也承擔起祈福職責，有畫鍾馗手執如意，攜一小鬼，小鬼雙手舉盤，盤內有柏葉與柿子，以寓百事如意。

　　劉海蟾，道教全真北五祖之一。在年畫中，他前額垂著整齊的短髮，騎在金蟾上，手裡舞著一串錢，是傳統文化中的文官"福神"，也是准"財神"。金蟾為仙宮靈物，古人以為得之可致富。"劉海戲金蟾，步步釣金錢"，表示財源廣進、大富大貴之意，過去人們常將"劉海戲蟾"剪紙、繪畫請回家中，求財祈福。

　　常用到的文門神還有麻姑、龍王、一方城隍、九天玉帝。禮拜財神，祭上天言好事的灶王、保佑子女健康的張仙、送子降幅的觀音，甚至禮拜車馬神、場神、圈神等。

神化的麒麟、龍、鳳、龜被稱為"四靈",以及其他動物,也是年畫經常用到的題材。畫中仙女抱一男孩騎于麒麟背上,謂天仙送子或者麒麟送子;麒麟與玉書、如意組成圖案謂麒麟祥瑞、麒麟如意。

其他還有:水裡求財請葛仙、火裡求財請老君、殺豬宰羊請朱仙、說書唱戲請莊王、木匠鋪內請魯班、屋內門後請仙爺、窗旁貼"月光",箱框升門上貼"斗方"等,無有不請神處。

從應用上看,門神年畫往往成雙成對,且為固定搭檔。過去民間宅門多為兩扇門板,門扇成雙,門神自然也成對,若左立神荼,則右立鬱壘;如左門白臉秦瓊,右門則為黑臉尉遲恭。

2. 生活、娃娃題材

年畫中反映百姓日常生活的題材非常普遍,因其貼近老百姓生活,也受到大家的歡迎。如表現勞動生產的《男十忙》《女十忙》,把男子、婦女在十個氣節中的活動,概括到一個畫面上,表現了農民們辛勤勞動的場面以及熱愛生活的態度。還有《春牛圖》《二十四孝圖》《教子圖》《踏雪尋梅》等。

娃娃年畫,也稱童子神,皆為民間喜愛的健美、聰慧、眉清目秀形象,常通過孩子手中所拿器物如荷花、牡丹、瓶、燈,坐騎動物如麒麟、獅、虎、牛、雞,配飾的祥雲、桃、石榴燈圖案,以象徵、寓意、諧音來表達對美好生活的祝福。以美女娃娃為內容的年畫,表達著百姓們對家庭美滿、後代健康、生活幸福的憧憬。美女題材主要是古裝仕女,有歷史傳說中美人的《十美圖》,馳騁沙場女英雄的《花木蘭》,神話傳說中的《嫦娥奔月》等。

3. 小說戲曲題材

小說戲曲年畫是隨小說戲曲興起而發展為年畫的另一主要題材。民間年畫和地方戲曲的繁榮為戲曲年畫的產生帶來機遇。戲曲年畫的最大特點是在繪畫藝術中融進戲曲藝術,使畫中有戲,戲中有畫,戲畫合一,使觀眾在欣賞繪畫的同時，也能欣賞戲曲。

　　戲曲年畫表現戲曲大體有三種形式，一是僅僅刻畫戲曲人物的角色形象；二是將一齣戲的某一情節表現出來或將兩個不同的情節串聯在一起，一般都是舞臺劇的實錄，如表現武將騎馬，也讓其手裡拿個馬鞭；三是比較充分地發揮美術造型的特點，把戲曲人物放到實景中去，有樓臺亭閣，山水橋樑，文官坐在轎中，武官騎在馬上。

　　戲曲年畫中表現最多的是《三國演義》中的人物情節，如反映吉慶方面，劉備招親的"龍鳳呈祥"；表現諸葛亮智慧的"空城計""借東風"；刻畫關羽、張飛、趙雲等忠武形象的"古城會""戰馬超""長阪坡"；渲染盛大場面的"群英會""銅雀台"等。楊家將故事在北宋時已"裡巷野豎，皆能道之"，年畫裡的佘太君、楊延昭、穆桂英、楊排風、孟良、焦贊都是群眾所喜愛的形象。

　　其他還有《水滸傳》《嶽飛傳》《薛家將》等故事年畫《西廂記》《白蛇傳》《紅樓夢》等愛情年畫。

4.諷刺幽默題材

　　諷刺幽默年畫多出現在晚清以後，這與當時的社會背景有關，表現一些民間幽默風趣的笑話及寓意，傳達一些民間習俗的活動。最為流行的便是"老鼠嫁女"。年畫中表現老鼠嫁女的儀仗執事全仿當時民間生活。前面有旗鑼"肅靜""回避""狀元及第"等牌開路，後有花轎，新郎騎馬插花，有的則儼然是一派權勢者的派頭，前邊必有狸貓擋路，即所謂"老鼠娶親貓截道"，點明老鼠最後必然是失敗者。

五、或比或擬，修辭靈活

年畫有以下幾種修辭手法：

一是直白。簡單的年畫，直接用漢字表達美好願望，"福""壽"經過加工美化，早已被圖案化、藝術化了，成了一個吉祥符。據《吉祥物在中國》的統計，"壽"字有300多種圖形，變化極為豐富，可用多種字體表示。字形長的叫"長壽"，字形圓的叫"圓壽"（無疾而終），也有用多字來表示，如"百壽圖"。

二是諧音。利用漢字讀音相同或者相近來取意可取得一定的修辭效果。比如"瓶"諧"平"，表示平安；"蝙蝠"和"佛手"諧"福"；"雞"諧"吉"表示吉利；喜鵲諧"喜"；桂花、桂圓諧"貴"；百合、柏樹諧"百"等。《蓮笙桂子》年畫，以"蓮花"諧音"連"，以"笙"諧音"生"，以"桂花"諧音"貴"，寓意連生貴子。《蓮年有餘》以"蓮""魚"等諧音為"蓮年有餘"，寓生活美好之意。

《蓮年有餘》

三是象徵。桃、荷、菊、梅寓意四季平安，佛手、桃、石榴寓多子多壽多福，牡丹花象徵富貴，菊花象徵吉祥，百合花象徵夫妻和合等。

四是比喻。鴛鴦比喻愛情，菊花比喻高尚，松竹梅喻作高潔，菊花在年畫裡也有長壽的意思。

在我國燦如繁星的民間藝術形式中，年畫是一顆奪目的明珠，不僅有題材廣博、資訊承載之密集、手法斑斕的特點，而且文蘊深厚、民族心理表現鮮明與深切，是先祖為我們遺存下來的巨大財富。

第七編　各具特色的地方年畫

　　各地都有自己的年畫，較著名的有河南年畫、天津楊柳青年畫、蘇州桃花塢年畫、濰坊楊家埠年畫、河北武強年畫等。由於各地的風俗習慣不同，年畫受到當地文化影響，表現出各地不同的風格特點……

一、素有古樸之風的河南年畫

自古就有"得中原者得天下"之說，河南地處中原腹地，是歷來兵家必爭之地，因此歷史上，也是開朝建都最多的省份，成了古代經濟文化中心。社會穩定和經濟發展帶動了文化建設。年畫作為文化的一部分，正式誕生於大宋，而北宋的首都為汴梁（今開封市），因此，河南年畫比較古老，分佈廣，影響著全國各地的年畫的風格。

1. 朱仙鎮年畫

從全國影響力來看，河南各地年畫當中，最佳當屬朱仙鎮年畫。朱仙鎮位於河南省開封市，雖然是個小鎮，從明朝至清朝中葉卻為中原商塢要衝，商業發達，經濟繁榮。朱仙鎮木版年畫，源于北宋都城東京汴梁（開封）所開創的木版年畫，在河南民間年畫中最為古老、最為普及，亦最具代表性。其興盛、發展與中原地區的政治、文化、經濟緊密相連；其流傳地域廣泛，帶動了中原、江南、西北等廣大地區民間木版年畫的興起和繁榮，被譽為民間刻板印刷年畫的開端。

朱仙鎮木版年畫可分為三大類，一類是神祇畫，如灶君神、天地神、門神，其中最多的就是門神。文門神有五子、九蓮燈、福祿壽等，武門神常是戲曲中的忠臣義士和各類英雄好漢。另一類是民間故事畫，以民間傳說，演義小說，戲曲故事為刻畫物件，構圖飽滿，沒有背景，以人物表情動作展現故事情節，單純而富有感染力。第三類是吉祥年畫，多為娃娃、仕女。

朱仙鎮木版年畫在長期的發展中，無論製版技藝、色彩鋪陳還是圖案造型，都洋溢著濃郁的鄉土氣息和民間藝術情趣，形成了自己鮮明的特色。

木版與鏤版水色套印相結合的製版技藝

民間木版畫是以版為媒介並可印出多份原作的一種獨特的藝術形式，與手工繪製的年畫有本質的區別。

朱仙鎮木版年畫採用木版和鏤版浮水印套色工藝，即刻版分為主版和色版，一般六版為一套，多則九版。

主版俗稱"黑批"或"墨批"，梨木製作，厚約寸許，版畫刨平後塗一層香油，再以開水沖洗四五次，使木質鬆軟。坯版人物造型繼承傳統線描的技藝，有陰有陽，粗細對比強烈。臉譜造型融合戲曲明暗開臉和裝飾勾畫的手法，刀法粗獷，整體感強，具有中原地區獨特的敦實、健壯、古樸風格。

鏤版俗稱漏版，一般為槐黃鏤版、水紅鏤版。朱仙鎮的鏤版印刷採用的是傳統的故發印製技術，先用素紙數張裱厚，浸透黃蠟或桐油，晾乾後將需套印之處鏤空，用色漏於畫紙上。此乃民間古法印畫之秘，已不傳，僅見於朱仙鎮。

開印時，先印黑色主版，其次是用於鬚髮等西線的"二黑板"，然後依次為黃、朱紅、橘黃、綠、紫、藍、水紅、金銀（在版線上刷膠，印後灑以金銀粉），色版為一色一版。由於印刷時採用透明水色，所以套版印刷後，色彩上微顯木紋，質感力度隱約其間。

豔麗的色彩

色彩是民間年畫中重要的造型因素，以渲染氣氛、刺激視覺的對比色為主。朱仙鎮年畫顏色非常講究鮮豔、跳躍，十分適宜廣大百姓的欣賞習慣。

據說在過去，民間在製作顏料時多採用如黑槐樹產的槐米、向日葵、廣丹等原料，經研磨、熬煉成紅、黃、藍、紫等顏色，再用這幾種顏色調成多種顏色，熬制顏料時還要加上 20 多種原料，每一種顏料至少得熬制 3 小時。用土法製成的顏色印刷年畫，豔而不俗，色澤鮮亮透明，風吹日曬也不會變色。

年畫多用青、黃、紅三原色，用色總數可達 10 種。民間常說："黃見紫，難看死。"而朱仙鎮木版年畫黃紫兩色的搭配，顏色厚重，對比強烈，不僅沒有難看之嫌，反而色彩鮮豔，與過年的歡樂氣氛協調一致。朱仙鎮木版年畫之所以色豔而不俗，調料調色至關重要。

飽滿而對稱的構圖

朱仙鎮年畫的佈局構圖一直傳承傳統技法，整個畫面上空下實，飽滿、緊湊、嚴密。空白地方雖然較少，但多飾以商家店號、畫題或雲紋、吉祥花草、動物等。人物安排上，主次分明，主要人物大，次要人物小。畫面人物與道具、面部與服飾，疏密相間，安排巧妙。一對門神的兩個人物，往往採取完全對稱，局部處理略有不同，裝飾性很強。

誇張的人物造型

朱仙鎮年畫的人物造型原則遵循的是古人的意向造型，不求形似，只求神似。站神頂天立地，威武健壯，正氣凜然，比例不按常規，敢於誇張，人的頭能占全身的三分之一，突出頭臉，身軀粗壯，騎的馬則很小，看到人臉，就可知其性格。

人物的動態造型，有步下鞭、馬上鞭、回頭馬鞭、抱鞭、豎刀、披袍等，不下 20 種樣式。較多地吸取借鑒了戲曲舞臺人物造型，如戲劇武將的挺胸亮相、橫槍跨馬、聳肩甩腿、馬步弓腿等，在武將門神中都有所體現。

濃郁的鄉野氣息

朱仙鎮木版年畫造型取材豐富，有來自三教九流的神仙和聖賢、七十二行業供奉的祖師、歷代英雄人物、戲曲人物等，也有民間流傳的膾炙人口的故事人物和寓意吉祥的事物等。

朱仙鎮木版年畫在這豐饒的沃土中，攜帶著濃烈的中原鄉野氣息，蓬勃於世，歷經千年，雖幾經滄桑，但依然活躍於民間，長盛不衰。魯迅先生對朱仙鎮木版年畫十分喜愛："河南朱仙鎮年畫，紹興稱之為'花紙'，我看是好的，刻線粗健有力，不似有些地方印刷那樣纖巧。這些木版年畫，不染脂粉，人物無媚態，很有鄉土味，具有北方年畫的獨有特色。"

2. 其他河南年畫

河南其他各地也有年畫，有些地方的年畫名聲甚至曾經與朱仙鎮年畫齊名。

豫東年畫是中國木版年畫之鼻祖，其題材豐富，寓意吉祥。豫東民間年畫除開封外，主要集中在中牟、尉氏縣、商丘市、周口市。

周口年畫刀法雄厚樸實，線條洗練流暢，畫面不設背景；突出形象，構圖豐滿，人物造型大眼方頤，神色祥和，身軀粗偉；色彩濃重，拙樸喜人，具有鮮明的裝飾性、誇張手法和浪漫色彩。

豫西的年畫集散地集中在嵩縣、盧氏、洛陽、靈寶等地。其中嵩縣、盧氏縣都保存不少朱仙鎮木版年畫的原版。

嵩縣保存的朱仙鎮原版中有八塊"上八仙"線板，具有元代年畫風格。八仙各騎瑞獸，人物動態生動，衣紋轉折起伏如寫生般真實，線條與山西永樂宮壁畫風格相似，刀法洗練，刻畫精緻。

盧氏縣五裡川鄉南村段家住宅，過去被稱為"門神局"（元代手工作坊的稱號）。據說，段家祖先段夢飛曾購買很多上等木料，請木匠做成木版，但木匠尚未開始雕刻便病故了。其後人繼承先業，先後從洛陽、南陽老河口等地請來雕版名師，歷經三年，刻成大小門神版、灶神版 2000 多塊，又從洛陽請來印刷名師，在五裡川集正式開設了"中和老店"，銷售木版年畫。每年入冬，用人擔或牲口馱行，銷洛陽、馬山口及全省各地，甚至遠銷陝西、山西一帶。

豫南地區的年畫集散地主要集中在南陽、汝南、正陽等地。

汝南縣城中心的二龍裡街曾有"興順老店"等十幾家年畫作坊，也曾名噪一時。該縣文物管理所現保存著 20 餘種十分完整的木刻原版，40 餘套色版，年畫多為各式門神，較有特點的是八仙門神，畫面中心刻以文門神，下有八仙童子，這在其他地方較為少見。年畫上多印有"興順老店"字樣，具有明顯的清末特色。正陽縣的原版門神為彩印，色澤濃重。

豫北年畫集散地是安陽、新鄉、獲嘉、滑縣等地。

新鄉市的年畫題材多為鍾馗頭門神。新鄉市博物館現存有清朝時期 1.5 米長的木刻線版，內容是天地全神和家堂神軸。其雕刻技法純熟，線條精細，嚴謹有力，偌大的版面上無一處敗筆和錯線，與朱仙鎮的粗獷線條有明顯不同。

獲嘉縣的照鏡鎮樊莊，製作木版年畫已有 300 多年的歷史。年畫品種多，如門神、神像、燈畫、影壁畫等，木刻套色浮水印，繪刻線條粗獷，構圖飽滿，色彩明快。所印刷的《天地全神圖》與朱仙鎮的《神佛仙姑諸神圖像》十分相似，是一種包羅萬象的諸神聚會，集佛、道、三清、明教、儒家為一體。

滑縣南鄉印製的多為翻版木版年畫，品種比較齊全，廣銷當地民間。

二、絢爛多姿的天津楊柳青年畫

楊柳青年畫，全稱"楊柳青木版年畫"，因產于天津西南楊柳青鎮而得名，為中國著名的民間木版年畫，是中國北方流傳最廣、影響最大的一種民間木刻畫。在中國木版年畫史上，與蘇州桃花塢年畫並稱"南桃北柳"。

楊柳青年畫年有著悠久的歷史，其產生和社會動盪有關，與豫東年畫有著深刻的歷史淵源。

北宋靖康二年（1127），北宋亡于金後，東京汴梁大批民間雕版藝人四處逃散。被金人擄走的藝人將木版年畫技藝傳入金人的都城平陽（今山西臨汾），使平陽一時發展為中國北部年畫的集散地。隨著金人的南移，又從平陽傳入晉南、陝南、河北、山東濰坊、高密等地。據洪邁《容齋三筆》記載，金遼進兵中原，工匠北遷為奴，不少畫工因畏北國嚴寒，躲避在天津楊柳青，逢年過節就刻些門神、灶王出賣，鎮上的人爭相模仿，楊柳青年畫也由此興盛，故有"北宋（院體）畫傳楊柳青"之說。

到了明永樂年間，大運河重新疏通，南方精緻的紙張、水彩運到了楊柳青，使這裡的繪畫藝術得到發展，楊柳青年畫的畫樣（粉本）有幾千種。時至清代中期，楊柳青的戴廉增畫店一年生產的成品就達 2000 件，每件 500 張，共達百萬幅。當時，楊柳青全鎮連同附近的 32 個村子，"家家會點染，戶戶善丹青"，畫店鱗次櫛比，店中畫樣高懸，各地商客絡繹不絕，是名副其實的繪畫之鄉。乾隆中期，年畫行業更達到極盛。楊柳青年畫進入北京後，獨占了京華年畫市場，產品譽滿京城，有戴廉增、齊健隆、忠興號、楊正記、增華齋、福成號、三義齋、義和東、雙義厚、振記、德記等十多家畫店，競相在崇文門外至正陽門一帶開設門市，年畫從楊柳青總店運來，或在北京開設作坊自印。其產品不僅為京城百姓所喜愛，更成為皇宮大內貢品。"戴廉增畫店"是楊柳青規模最大、品種最多的畫店。店主戴廉增曾為清官進貢特製門神，特製門神分為 3 尺x5 尺和 4 尺x6 尺兩種，市價每尺（平方尺）價銀一兩，每對價銀 30 至 50 兩，稱為"金貢箋"。門神的頂盔貫甲，佩劍懸壺，皆用"堆金瀝粉"，用料為真金金箔。

第二次鴉片戰爭以後，楊柳青年畫走向衰落。民國 26 年（1937），"七七事變"後，日軍為修公路從楊柳青畫鋪搶走了許多畫版，此後，楊柳青畫鋪和作坊全部歇業。

直至新中國成立後，楊柳青年畫才重見天日。20 世紀 50 年代，周恩來總理曾到楊柳青畫社視察，在黨和政府的關懷下，曾多次舉辦楊柳青年畫評選活動，湧現出許多的優秀作品。1953 年，成立"楊柳青年畫生產互助組"；1956 年，楊柳青年畫的老藝人韓春榮、尹青山等 7 人成立"楊柳青和平畫業生產合作社"；1958 年隨著畫社聲譽和影響擴大，天津榮寶齋、德裕公畫店歸併畫社，更名"楊柳青畫店"；1960 年郭沫若同志為"天津楊柳青年畫店"題寫了店名。現今，隨著政府對年畫的扶持和民間藝人對鄉土藝術的執著，楊柳青年畫發展迅猛，其知名度也日益提高，楊柳青的年畫作坊如雨後春筍般地蓬勃發展起來。

楊柳青年畫的表現形式有：貢尖、板屏、條屏、屏對、橫三裁、立三裁、炕圍、門畫（分門神和門童兩種）、曆畫、燈畫、斗方、窗花紙、格景（專為西北蒙古、回等少數民族印製）、祖師神碼兒和朝衣大像等。

楊柳青年畫取材極為廣泛，諸如歷史故事、神話傳奇、戲曲人物、娃娃、美人、世俗風情以及山水花鳥等，特別是那些與人民生活密切關聯，以及帶有時事新聞性質的題材等，不僅富有藝術欣賞性，而且具有珍貴的史料研究價值。

楊柳青年畫題材的一大種類便是娃娃。這些娃娃體態豐腴、活潑可愛。他們或手持蓮花，或懷抱鯉魚，都象徵吉祥美好，非常惹人喜愛。如年畫《蓮年有餘》，畫面上的娃娃"童顏佛身，戲姿武架"，懷抱鯉魚，手拿蓮花，取其諧音，寓意生活富足，已成為年畫中的經典，被廣為流傳。

楊柳青年畫在歷史及戲曲題材方面，繪刻精細，設色雅致。清代畫師張俊庭畫有全本《白蛇傳》《全家福》《呂蒙正趕齋》等，筆鋒較有根底。畫師

楊柳青年畫

王葆真因將楊柳青鎮風景文昌閣畫入年畫而受人稱讚。清末至民國時期畫師戴立三畫有《呼延慶打擂》《韓湘子討封》。常見的題材還有仕女、娃娃、門神、灶王、"新年吉慶""完璧歸趙""三顧茅廬""文姬歸漢""大破天門陣""三盜芭蕉扇"等。

　　楊柳青年畫的藝術特點是多方面的，形成其藝術特點的條件也是多方面的。其中較為明顯突出的則是表現在製作上。楊柳青年畫的製作程式大致是：創稿、分版、刻版、套印、彩繪、裝裱。前期工序與其他木版年畫大致相同，而不同的是楊柳青年畫的後期製作，工序較多，還要進行細緻的手工彩繪，把版畫的刀法與繪畫的筆觸、色調的運用，巧妙地融為一體，使兩種藝術相得益彰。而且還由於彩繪藝人的表現手法不同 同樣一幅楊柳青年畫坯子（未經彩繪處理的墨線或套版的半成品），可以分別畫成精描細繪的"細活"，和豪放粗獷的"粗活"，其藝術效果和藝術風格就會迥然不同，且各具特色的藝術價值。

　　楊柳青年畫採用木版套印和手工彩繪相結合的方法，也就是"半印半畫"的方法。製作時，先用木版雕出畫面線紋，然後用墨印在上面，套過兩三次單色版後，再以彩筆填繪。既有版畫的刀法韻味，又有手繪的色彩斑斕與工藝性，構成與一般繪畫和其他年畫不同的藝術特色，因此，民間藝術的韻味濃郁，富有中國氣息。

　　楊柳青年畫普遍採用透視法，突出了人物性格特徵，不但畫面越發乾淨洗練，而且場面繁盛熱鬧，人物增多，背景複雜，增添了年畫的表現力。其著色也更加明朗輕快，柔麗嫵媚；仕女的形象豔麗俊秀，十分傳神，人物的衣飾等顯得精巧華貴。娃娃嬉樂自在，活潑多姿；戲劇舞臺人物表情和神態，更是惟妙惟肖，栩栩如生。楊柳青年畫通過寓意、寫實等多種手法表現人民的美好情感和願望。

　　總之，楊柳青年畫以其刀法獨特的雕版、精細絕倫的手繪、潤澤豔麗的色彩、和諧典雅、豐滿而嚴謹的構圖、富於裝飾的效果、深厚的文化底蘊而聞名於世，是中華民族的藝術瑰寶和寶貴的民間藝術遺產。

三、從繡像圖演變而來的蘇州桃花塢年畫

桃花塢年畫源于宋代的雕版印刷工藝，由繡像圖演變而來，被民間畫壇稱之為"姑蘇版"。

北宋時期，蘇州城內閶、婁兩門之間，阡陌交通，溪流縈帶，頗多園林水石之勝。嘉祐中，浦城章棨任蘇州教官，就寓居城北。後來他累官樞密院直學士，便在那裡買地建造莊園，廣約七百畝，中置別業，植桃千樹，遂以桃花塢稱之。該地年畫也因此而得名。

桃花塢木版年畫的產生和發展經歷了由盛而衰再由衰而盛的過程。桃花塢年畫與宋代雕版印刷是"母女關係"，後與當地有名的蘇繡相"結合"，發展到明代，成為民間藝術流派，形成了獨特的風格。現在最早的桃花塢木版年畫，是在日本刊行的《支那古版畫圖錄》中收錄的《壽星圖》，畫面上刻有"萬曆念五年（1597年）"的刊記。從其畫面來看，作品的構圖、刻工、印製均已達到了相當的水準。

明末清初，是蘇州桃花塢木版年畫的發展時期，當時的畫鋪約有四五十家，大部分設在楓橋、山塘街、虎丘和閶門內桃花塢至報恩寺塔一帶。

桃花塢木版年畫盛于清代雍正、乾隆年間，最繁盛時期有張星聚、張文聚、魏宏泰、呂雲林、陸福順、陸嘉順、墨香齋、張在、泰源、張臨、季祥吉等畫鋪，稍後出現的王榮興、陳同盛、陳同興、吳錦增、吳太元、鴻雲閣等畫鋪在當時亦有不小的影響。畫師在畫面上署名的，前期有桃塢主人、桃溪主人、墨浪子、歸來軒主人、寶繪軒人、墨林居士、杏濤子等；後期有嵩山道人、吳友如、周夢蕉、金蟾香等。桃花塢木版年畫曾流行江蘇、上海、浙江等處，遠銷湖北、河南、山東各地，並流傳到國外。桃花塢木版年畫曾經對日本

的"浮世繪"產生深遠影響，亦有被英國、法國、俄羅斯、德國等國收藏。

太平天國時期，清兵圍攻蘇州，山塘、楓橋一帶被大火燒了七天，年畫作坊中所存的刻版幾乎全部燒盡。後來，年畫鋪大部分遷到蘇州城內偏北的桃花塢一帶。桃花塢年畫陷入了萎靡階段。

鴉片戰爭以後，由於西方的印刷術傳入我國，膠版、銅版和石印等印刷技術有了發展，所謂"月份牌"派的年畫傾銷城鄉。桃花塢年畫的市場被進一步壓縮，主要銷售被迫轉入農村。抗日戰爭前，大部分藝人已改行轉業，有的拉人力車，有的挑擔賣菜，年畫鋪僅剩下王榮興、朱榮記、朱瑞記三家，桃花塢年畫已瀕臨消亡的境地。

新中國成立後，桃花塢木版年畫獲得了新生。20世紀50年代初期，由蘇州市文聯對桃花塢木版年畫的情況進行了調查研究，並組織藝人恢復生產。後又配備專業畫師，招收徒工，成立"蘇州桃花塢木版年畫社"，在整舊創新方面，取得了很大進展。"文革"期間，桃花塢木版年畫被斥之為"封建迷信"，一百多種舊版竟堆放在露天爛毀，桃花塢木版年畫全面停產。黨的十一屆三中全會以後，蘇州桃花塢木版年畫重見天日。1979年重新恢復"桃花塢木版年畫社"，同年又成立了"桃花塢木版年畫研究會"，從此桃花塢木版年畫進入了較快發展的階段。

當今，由於人們生活習俗和審美觀發生變化，傳統的桃花塢年畫漸漸失去了原有的市場。除了一些藝術家和愛好者慕名前來求購外，一般市民無意問津，桃花塢年畫再次陷入困境。2000年，桃花塢木刻年畫社創作設計人員僅僅有3名，兩人已經退休，一人接近退休的年齡。在絕技面臨失傳的情況下，蘇州政府積極採取搶救措施。和朱仙鎮年畫一樣，2006年5月20日，桃花塢年畫經國務院批准列入第一批國家級非物質文化遺產名錄，受到國家保護。

桃花塢年畫構圖豐滿，色彩明快，富有裝飾性，桃花塢木版年畫畫幅的尺寸，直幅的有大至四尺的"中堂"、小至二寸大小的"蛋面"（貼在蛋面上的小畫片）；橫幅中最大的有三張一套的"全景床幛"，最小的是五寸左右的"燈面"。刻印的神像、風景景圖等一般有大、中、小三種，戲曲故事年畫多為對開橫幅，品種繁多。

桃花塢年畫採用木版套印，用一版一色傳統浮水印法印刷，雕刻細膩，做工精美，以戲曲故事、古典小說和本地生活習俗為主要題材，另有山水、花鳥、

時事新聞、民間傳說、裝飾圖案等。總結起來，

其題材主要有八類：

一是宗教神話類。這類又分為祈福辟邪類和吉祥喜慶類。兩者的寓意是一致的，只是後者的表達方式更貼近生活。如《門神》《灶君》《關公》《鍾馗》《姜太公》等。

二是倫理教化類。桃花塢年畫往往通過闡述歷史故事來實現其倫理教化的作用。如早期的《雪中送炭圖》。

三是戲曲故事類。這類題材是桃花塢年畫中的大宗，也是晚期作品中最有特色的品種之一。它們分為四類：人物繡像式、全景構圖式、主景構圖式、分景構圖式。

桃花塢木版年畫

《楊家將》《忠義堂》《西廂記》《孫悟空大鬧天宮》《白蛇傳》《穆桂英大破天門陣》《三笑姻緣》《定軍山》《苦肉記》《戰北原》等，這些都是人們所喜聞樂見的年畫，品種繁多，表達了人民禳凶祈吉的美好心願。

四是市井生活類。市井生活是桃花塢年畫最富特色的題材之一，類似宋代的風俗畫。這類作品表現了當時生活在蘇州的人自豪自足的心理，如《新出清朝世界十怕妻》。

五是仕女嬰戲類。仕女和兒童是桃花塢年畫中出現最多的人物形象，尤其在反映市井生活的作品中。女性的嬌美及兒童的活潑，最能體現生活的和諧美滿。《百子圖》《三美人圖》《洋燈美人》等年畫是這類的代表作品。

六是新聞時事類。這類年畫到晚清才興起，分為兩類：一類是重大時事新聞，如反映中法戰爭的《法人求和》；另一類是社會新聞，如《蘇州火車開往吳淞》。

七是風景名勝類。蘇州地處江南水鄉，風景宜人，因此風景類桃花塢年畫自然必不可少。而這類題材並不局限於蘇州，表現杭州風光的作品也較多，如《西湖勝景圖》《刺建金山寺天湖勝景圖》。

八是花卉博古類。花草、鳥獸類的形象有一定寓意。博古是指拓印、摹

寫古器物形，並配以花卉等雜物的一種繪畫形式，如乾隆的《瓶花博古圖》。晚期的《花開富貴》是一幅典型的裝飾年畫，圖中盛開的牡丹花四周裝飾有壽桃和石榴，寓意長命富貴，多子多福。

桃花塢木版年畫的製作一般分為畫稿、刻版、印刷、裝裱和開相五道工序，其中刻版工序又分上樣、刻版、敲底和修改四部分，其主要工具為"拳刀"，同時以彎鑿（剔空）、扁鑿、韭菜邊、針鑿、修根鑿、扡鑿、水缽、鐵尺、小棕帚等工具配合使用。套色印刷亦有一套程式，主要包括看版、沖色配膠、選紙上料（夾紙）、摸版、扡紙、印刷、夾水等步驟。

桃花塢年畫雖是木版出身，但有刺繡的因數，是中華民族的財富，對全世界藝術的貢獻和影響具有不可替代的重要作用。因此我們要大力保護扶持蘇州桃花塢木版年畫，促進它不斷發展繁榮。

四、富有裝飾效果的山東年畫

1. 濰坊楊家埠木版年畫

楊家埠木版年畫是流傳于山東濰坊楊家埠的一種民間版畫，是我國民間藝術寶庫中的一朵奇葩，以濃郁的鄉土氣息和淳樸鮮明的藝術風格而馳名中外。

相傳朱元璋當上皇帝後，某一天回首崢嶸歲月，忽然想起自己當和尚時，曾到山東沂縣化緣，結果無人施捨，幾乎餓死。他越想越生氣，惡狠狠地說了句："山東沂縣不留！"並命大將常遇春率兵屠戮山東。常遇春大驚，以為朱元璋說的是"'一'縣不留"，可聖旨難違，只好照做。臨行前，劉伯溫指點常遇春："濰河邊上不飲馬，常嶺埠上不紮營"。結果，常遇春帶兵至了濰縣，不小心就紮營常嶺，飲馬濰河，結果許多士兵染上瘟疫死了。後來瘟疫到處傳播，使得山東"白骨露於野，千里無雞鳴"。朱元璋只得下令從外地移民，重振山東。洪武二年（1369），楊家自四川梓潼縣遷居山東濰縣重拾年畫手藝，畫了一張名為《民子山》的年畫。後來這張《民子山》年畫傳到了朱元璋手上，看到此畫，聯想到自己的身世，朱元璋就動了憐憫之心，下詔不再跟山東人過不去，而《民子山》年畫也被認為是濰縣楊家埠年畫的鼻祖。

楊家埠木版年畫大致應產生于明朝嘉靖（1507~1567）年間，源於濰縣西楊家埠村，有"公茂""永盛""吉興""廣盛泰""萬順"等數家畫店。

到了清乾隆年間，楊家埠年畫已經相當發達，種類繁多，一戶農家院落從大門到炕頭，從糧囤到牛棚，都有特定內容和形式的年畫張貼。山東省原濰縣和周邊其他縣三十幾個村鎮進行木版年畫的生產，形成了"粗貨""細貨"和"黑貨"三個年畫派系。

　　清咸豐（1931~1861）年間，楊家埠年畫與傳入天津楊柳青的年畫逐步相融合，拓展了創作風格，豐富了內容，增加了品種，成為楊家埠木版年畫創作的組成部分。

　　清同治初年至光緒末年，可以說是楊家埠木版年畫的全盛時期。當時是"畫店百家，畫種過千，畫版上萬"，"收罷大秋就刻版，忙到臘月二十三"。從臘月二十四到春節，更是買賣年畫的高潮。這時楊家埠畫店已達 100 多家，附近十幾個村莊也興辦了畫店，生產各種年畫 200 多種，每年來往于楊家埠的畫商小販多達 5000 人左右，產品除銷往山東各地外，還遠銷江蘇、安徽、山西、河南、東北等地，有人甚至背著版，跑到東南亞的一些國家，邊印邊賣，以此為生。

　　1922 年後，由西方傳入的石印年畫和月份牌年畫興起，楊家埠木版年畫銷量頓減。日軍侵佔濰縣後，當地畫店幾乎全部停產，少數店家遷往濰縣縣城、濟南、煙臺等地。解放前夕，濰縣木版年畫已陷入絕境。

　　新中國成立後，楊家埠木版年畫重獲新生，後因"文化大革命"，年畫生產停止，年畫資料、原版大部分被毀。1978 年，恢復"楊家埠木版年畫社"。20 世紀 90 年代，一批楊家埠年畫藝人先後前往巴西、日本等國家進行現場表演，深受好評。2004 年，楊家埠木版年畫被文化部、財政部列入全民族民間文化保護試點項目。

　　楊家埠年畫之所以能在藝術百花園中獨樹一幟、經久不衰，是因為它有著與眾不同特點。楊家埠年畫構圖完整、飽滿、勻稱；造型誇張、粗壯、樸實；線條簡練，挺拔流暢；色彩豔麗，對比強烈，富有裝飾性和濃郁的生活氣息，充分體現了我國北方農民粗獷、奔放、豪爽、勤勞、幽默、愛恨分明的性格特徵和高尚的道德情操，是典型的"山東大漢"。也正是這種獨到的性格特點，倍受中外客人的厚愛。

　　楊家埠年畫版面年年更新，內容也不斷變化，題材極為廣泛，主要有：祈福迎祥、消災除禍；美女娃娃、吉祥歡樂；人情世事、男耕女織；小說戲曲、神話傳說；山水花卉、飛禽走獸；時事新聞、諷刺幽默；還有些以實用為目的，服務于人們的現實生活。楊家埠木版年畫現已成為促進國際文化交流、吸引國外客商遊人、發展濰坊外向型經濟的紐帶，成為"濰坊千里民俗旅遊線"上的主要景點之一。

楊家埠木版年畫的體裁形式新穎多樣，從大門上的武門神、影壁牆上的福字燈、房門上的美人條、金童子到房間內的中堂、炕頭畫，從窗戶兩旁的月光畫、窗戶周圍的窗旁、窗頂，乃至院內牛棚禽圈上的欄門檻，大車、糧囤上也都有專門張貼的年畫。真可謂無處不及、無所不有！

作為中國黃河流域地道的農民畫，楊家埠木版年畫根植於民間。

2. 高密撲灰年畫

撲灰年畫是在寫意國畫的基礎上成長起來，後來經藝人發展創新，在文人畫和廟宇壁畫的基礎上形成了一種用撲灰起稿，繼以手繪，半印半畫的年畫。從現有的資料看，現在中國只有高密一地存在這種年畫，主要集中在高密北鄉姜莊、夏莊一帶30多個村莊。

撲灰年畫起源于明代成化年間（1465~1487），其創始人為北鄉公婆廟村一個姓王的民間藝人。為適應民間春節"請財神""供灶王"習俗的需求，撲灰年畫初期的作品以灶王、財神等神像和墨屏花卉為主。到了明代中葉，墨屏花卉已作為定型作品暢銷於市。

清乾隆年間，公婆廟村王氏開始收徒授藝。本村張氏四兄弟師從王氏學成後也開作坊作畫出售，題材有所創新，擴大了撲灰年畫的影響力度。乾隆末年，高密李家莊、趙家圈、杜家官莊的一些人先後來到公婆廟村拜張氏兄弟為師學藝，藝滿歸鄉，也開辦作坊成立畫店，撲灰年畫逐漸發展起來。清代道光年間，逐步發展為以色代墨，並趨向豔麗。由於大筆縱橫，自由揮灑，有抹的味道，藝人們稱其為"抹畫子"。內容大都表現喜慶，很適於民戶節日張貼。《姑嫂閒話》《踢毽子》《萬事如意》《富貴平安》《八仙慶壽》《牛郎織女》《福壽雙全》《雙童獻壽》《家堂》等都是撲灰年畫的代表作品。

撲灰年畫

到清末鼎盛時期，作畫能手蜂擁而起，發展成兩個主要的流派："老抹畫"和"紅貨"。

新中國成立後，撲灰年畫和半印半畫作坊在高密北鄉姜莊夏莊一帶 30 多個村子裡傳承下來。在發展面臨困境的時候，2006 年，高密撲灰年畫入選第一批國家級非物質文化遺產名錄，古老的民間藝術又獲得了新生。

撲灰年畫藝術風格獨樹一幟，以色代墨，著色濃重，色彩豔麗，形象追求動感，結條豪放流暢，人物面部造型多胖耳大腮，但在豐滿圓潤中不失雋秀感。撲灰年畫揮灑豪放、稚拙粗獷、古樸、典雅，兼工重寫是它的精髓。

撲灰年畫題材非常廣泛，從山川流水、魚鳥花卉到神話故事、戲曲人物，從帝王將相到才子佳人等皆可入畫，滿足人們追求吉祥喜慶、和睦幸福、富貴發達的心理。

撲灰年畫最大的特點就是用"撲灰"的方法打草稿製版。所謂撲灰，即用柳枝燒灰繪圖打草稿，再用畫紙臨摹"底版"，一次"複印"多張。起稿、撲灰後，再加手繪，經落墨（勾線）、粉臉（粉手）、開臉（圈臉）、熏臉、涮臉手、烏眼（點睛）、開眉眼、立眼（粉眼）、點嘴、絲髮（耙頭髮）、上色、涮道（染道）、涮花、磕花、描粉畫金、耙鬍子（摟鬍子）、罩明油、刷邊裁邊等一整套 20 多道工序，才能畫出一張漂亮的畫來。

在撲灰年畫兩派當中，"老抹畫"派繼承傳統畫法，仍以畫墨屏為主，畫風典雅，雖受新畫派衝擊，決心不改初衷，自編歌謠表態明志："墨屏墨屏，案頭清供。婆娘不喜，老頭奉承。貨賣識主，各有前程。"撲灰"紅貨"派，則大膽借鑒天津楊柳青年畫和濰坊楊家埠年畫對色彩的運用，向大紅大綠靠攏，使作品呈現出豔麗紅火，對比強烈的特色，一時為多數人所喜愛，藝人也自編歌謠，宣揚成績："紅綠大筆抹，市上好銷貨，莊戶牆上掛，吉祥又紅火。"

高密撲灰年畫因其獨特的技法，引起了國內專家學者的高度重視，成了研究收藏的珍品。中國美術館、首都博物館、中國民間美術博物館、山東省博物館均有收藏，中央美術學院、天津藝術學院等院校的師生將其作為臨摹教材。不僅如此，其在國外也有很大影響力。1998 年，國家外事局、西安電影製片廠選取由高密撲灰年畫等五種畫種製作的《中國年畫》紀錄影片，在世界 100 多個國家大使館展播。

五、有"萬年紅"美譽的廣州佛山年畫

佛山木版年畫是我國民間年畫之一，是華南地區著名的民間木版年畫，因在廣東佛山鎮生產而得名。佛山，明清時是我國四大名鎮之一，以手工業、商業發達繁榮著稱於世。

佛山的造紙業、染紙業的發展，為其年畫的發展提供了一定的條件。在宋元時期，廣州、佛山一帶已流行刻繪門神的習俗。這類門神早期直接在門板上手繪刻畫，後來另置木板繪刻，製成木版年畫大量複印，行銷於市，供人張貼。

據載，清雍正、乾隆年間，佛山年畫達到鼎盛。製作年畫的店坊達200多家，從業者超過4000人，年產量高達800萬對（門神畫），木版年畫成為珠江三角洲家家戶戶年節的必備之物，影響遠及東南亞等世界各地華人聚居處。民國初年至20世紀30年代中期，佛山有一種專銷安南（今越南）的木版畫，俗稱"安南畫"，其題材、工藝、用途與民間年畫相同，也屬佛山年畫之範疇。

清代，佛山著名的年畫店坊有錦雲、永吉堂、何現、意雅齋、伍萬安堂、德華、衍堂敬、伍彩珍等字型大小。清末，因"點石印務日盛"，舶來貨日欲漸行，佛山木版年畫也因製作工藝落後而生產日漸衰落。20世紀40年代末，製作年畫的店坊只有十數家，較著名的有馮均記、廣興、廣生、周添、長生、楠記、炳記、吳三興、李保記等字型大小，從業人員僅有千餘人。

佛山民間木版年畫，無論題材內容、表現形式、還是製作工藝，基本上傳承和體現了我國民間年畫的藝術特色。佛山年畫受當地社會政治、經濟、文化、地理、氣候諸因素的影響，主要以廣東或華南各省、城鄉以及海外東南亞一帶為多，又在地方民間藝術的哺育下成長，形成了自己獨特的藝術風格。

與其他各地年畫相比，佛山木版年畫吸收了佛山剪紙、銅鑿金花、金漆木雕等傳統工藝的精髓，以紅、綠、黃、黑四色木版套印。用工筆繪彩、勾金粉等技法表現，使畫面更顯富麗堂皇、熠熠生輝。其形象精細、飽滿，造型簡練、線條粗獷、有力，紅彤彤的色彩熱烈豔麗，裝飾性強、寓意吉祥，因而，佛山木版年畫又有"萬年紅"的美譽。

　　佛山年畫中人物衣飾上的花紋用線條流暢的寫金描銀渲染，俗稱"寫花"，極富民間畫的韻味，為其他地區民間年畫所罕見，是佛山年畫的顯著特徵；在表現手法上，善於結合當地風俗民情，具有濃郁的地方風格。佛山年畫在線條處理、造型格調、設色技巧、題材選擇上都具有廣府文化的細膩藝術特徵。

　　紅彤彤的色彩是佛山年畫最顯著的特色，為我國民間年畫所罕見。這跟佛山全年日照時間長、高溫多雨、濕度大的氣候有密切關係，貼於門上、牆上的門神年畫容易發黴、褪色。民間畫師根據嶺南及東南亞各地氣候變化對年畫的影響，設計了以佛山鎮特產硍朱（硫化汞的俗稱，是最早的鮮紅顏料）為主色調，大色塊地塗染於年畫，尤其是門神上。用硍朱染制的紅紙，紙面呈丹紅色，有"永不褪色"之美譽。以紅色為主色調，黃、綠等色來套印，既熱烈豔麗，又迎合我國人民喜愛紅色寓意祥瑞之心理。

　　佛山年畫還吸收了佛山剪紙、金花、刺繡、禮聯、金漆木雕等民間工藝的優良傳統，借鑒木版套印、手繪工筆、金銀粉色裝飾勾勒等表現手法對年畫精工繪製並加以藝術裝飾，使年畫的地方特色更為突出，更顯富麗堂皇、高雅明亮，無論張貼於門戶上或懸掛室內廳堂，都顯得格外熠熠生輝。

　　從題材內容上來看，佛山年畫同我國所有民間年畫一樣極為廣泛且豐富多彩，有各種神像、歷史人物、戲曲故事等，主題思想也是以吉祥祈福為主線的，具有寓意祥瑞的社會功能。

　　佛山年畫的題材，適應手工業及商業經濟、佛道事項所需更為突出。諸如《天財地寶》《銀樹開花》《萬倍黃金》《勝意蠶姑坐鎮》《龍母》等年畫，就突出地反映了廣大手工業者與商人祈求生意興旺發達、獲取利潤、風調雨順、交通順暢、安居樂業、生活富裕的美好願望。《勝意蠶姑坐鎮》畫蠶姑神坐鎮於神龕之中，兩旁站立侍女，神龕橫批書"勝意蠶姑坐鎮"六字，兩邊對聯為"八造多成熟，周年廣進財"；圖下半部畫有一組養蠶婦人作業過程：種桑采葉、餵蠶調養、吐絲結繭、收穫過秤、繅絲經營等，這完全是一幅養殖蠶桑業的圖錄。這幅年畫反映了佛山絲織業及順德、南海一帶蠶桑繅絲業者的共同祈求。

古代，佛山是個寺廟林立的市鎮，信奉佛道之人尤其之多，奉祀佛道活動極之頻繁。佛山民間木版年畫中的神像畫是相當大宗的，每年誕期銷售神像達數十萬張。又以觀音、紫微、關帝、華光、龍母、北帝、洪聖、大聖、和合二仙、鍾馗、八仙、財神、三寶佛、三清、福祿壽星、玉帝、灶君等為最多。作品有《福祿壽全》《五子登科》《加官進爵》《天姬送子》《和合二仙》《金錢童子》等。

佛山木版年畫

佛山年畫有手繪、木板套印、木印填色三種版式，用途廣泛，不但供歲時民俗之用，如春節貼門神、年畫，神誕祀佛道場則需要神相、波羅符，還有平常節日、喜慶盛典等活動，或用於張貼榜文、裝飾美化環境。用於裝飾紅榜上下左右花邊的木版畫俗稱榜邊，是一種二方連續式的年畫，如《爵祿封侯》《封神故事》等，這類年畫既可以是單幅年畫，也可以是榜邊畫。安南畫的題材內容、藝術形式、製作工藝、生產銷售與民間年畫別無兩樣，也是一種歲時民俗美術品。

佛山年畫是歷史文化的積澱物，是勞動者創造的藝術，具有強烈的地方特色，不僅受到我國民眾的歡迎，而且受到到來自世界各地的追捧。據查，俄羅斯、日本以及東南亞許多國家的博物館都收藏了不少高品質的佛山木版年畫。

六、以彩繪見長的四川綿竹年畫

綿竹年畫，是流行於中國西南的一種木版年畫，因產自竹紙之鄉的四川綿竹而得名，素有"四川三寶""綿竹三絕"之美譽。

綿竹年畫有悠久的歷史，但究竟起源於何時，還是葦葉的粽子———個米（謎）團。

成都在宋代已有年畫市場，北宋禦史趙抃所著《成都古今記》寫到當時成都的年畫上市的時間為十二月："正月燈市，十月酒市，十一月梅市，十二月桃符市"。其中的"桃符市"即年畫市場的俗稱。南宋孟元老著《東京夢華錄》卷六："歲旦在邇，席鋪百貨、畫門神桃符，迎春牌兒，紙馬鋪印鍾馗、財馬、回頭馬等饋與主顧。"並有"除夜換門神、掛鍾馗、釘桃符"之謂。

成都"桃符市"的年畫大多由附近的綿竹、夾江等市縣的年畫作坊提供，據此可知，綿竹年畫早在宋代就相當著名了。

據《續編綿竹縣誌》記載："綿竹年畫遠在明代亦有相當成就……當時瀘州及陝西蒲城地區都貼過內容喜慶的綿竹年畫。"

清代時綿竹年畫進入繁盛階段，尤其清乾隆年間是綿竹木版年畫發展的輝煌時期。全縣年畫作坊發展到 300 多家，從業人員達 1000 多人，每年生產年畫計 1200 多萬份，畫條 200 萬份以上。當時綿竹縣有大小年畫市場，小市在中北河壩及清道鄉，從清道鄉起要擺到近城的南軒祠，約十五裡路。大市在城內南華宮，從臘月初一開始，每天要出售到二更天，直到臘月三十為止。綿竹年畫經畫商傳播，除省內民眾廣為張貼外，還銷於陝西、甘肅、青海、雲南、貴州等地，並遠銷今越南、緬甸、印度及東南亞各國。

此時年畫行會"伏羲會"成立，每年辦會兩次，會上要對各路年畫進行評議，決出名次，這樣一來，更促進了綿竹年畫的發展，全縣作坊遍佈城區及西南、板橋、新市、清道、遵道、拱星等鄉村，各流派的年畫異彩紛呈。

民國時期因農村經濟破產和軍閥混戰、土匪嘯聚、民不聊生，大小紙廠被洗劫或燒毀，年畫作坊紛紛倒閉。新中國的誕生使綿竹年畫又獲得了新生，經政府搶救扶持的綿竹年畫又添"新章"。此後，綿竹年畫藝術在推陳出新、繼往開來的征程上邁開了新的步伐，特別是近十年，面對發展窘局，政府和年畫藝術工作者非常重視澆灌培養這株民間藝術奇葩，使綿竹年畫得到了有效的保護、繼承和發展。

綿竹年畫

綿竹年畫在繼承傳統的基礎上，遵循"藝術當隨時代"的真諦，從形式、內容、載體、製作方法、包裝等都進行了創新，使綿竹年畫逐步走向了日常化、實用化、裝飾化、禮品化、收藏化、宣傳化，其時代精品走向了收藏領域。至今為止，綿竹年畫已被全世界百餘家博物館和數以萬計的專家、學者、藝術家、收藏家所收藏；數十次被中央電視臺《人民日報》《光明日報》《中國文物報》，香港《文匯報》《申報》《新晚報》，臺灣《大地》，日本《學鐙》等兩百多家報刊、電臺、電視臺專題介紹，先後赴美國、法國、英國、日本等三十多個國家和地區展出。

綿竹年畫內容廣泛，品類繁多。歸納起來有：避邪迎祥、風俗習慣、生活生產、戲曲故事、歷史人物、神話傳說、諷刺幽默、花鳥蟲魚，等等。其中最有趣的是《耗子嫁女》《三猴燙豬》《狗咬財神》《看官盜壺》等民間傳說。如《三猴燙豬》，畫的是三個猴子和一頭肥豬正在打牌：肥豬踞上席，三猴分坐下方和左右兩側；肥豬面前堆著金銀財寶，身旁兩個妖豔的侍女正在為它端茶燃煙，正當肥豬調戲侍女分心時，三個猴子趁機手上比畫，桌下換牌，夥同"燙豬"。圖像造型生動，色彩鮮豔喜人，寓意深刻，令人一見便捧腹大笑。每逢春節過年，大家買來廣泛張貼，收到了"禁賭"的社會效果。

綿竹年畫的表現載體豐富多彩，有門神、斗方、橫推、中堂、條屏、單條、木版拓片等，隨著時代的發展又增添了冊頁、扇面、賀年卡、掛曆、檯曆、手卷、廣告年畫等新形式，其中門神是綿竹傳統年畫的主要品種。

在形式上，綿竹年畫主要有木版套色、繪印結合、完全繪製三種。綿竹年畫有紅貨、黑貨之分：紅貨指彩繪年畫，包括門畫、斗方、畫條，其中門畫製作手法多樣；黑貨，是指以煙墨或朱砂拓印的木版拓片，多為山水、花鳥、神像及名人字畫，此類以中堂、條屏居多。

綿竹年畫以彩繪見長，具有濃厚的民族特點和鮮明的地方特色。歸結起來有以下幾點。

1. 線條古拙流暢

線條是綿竹木版年畫造型及構圖的基本手段，形因線而立，神因線而傳。線條講求精煉、流暢，剛柔結合，疏密有致，具有強烈的節奏感；而誇張、變形、象徵、寓意的造型，更具詼諧活潑的效果。

綿竹年畫畫師在長期的實踐中積累了一整套線造型的藝術規律。綿竹年畫藝人有畫訣曰："流水褶子要活套，鐵線褶子要挺直"，"褶子"即線條。這一曲一直的變化是綿竹年畫用線的動感和靜感的藝術處理，給整個畫面賦予韻律感和節奏感。

2. 繪畫性強

人工彩繪製版是綿竹年畫區別于其他諸家年畫的主要特點之一，也正是綿竹年畫的絕妙之處。與其他年畫相比，綿竹年畫製版中的線版在綿竹年畫中只起輪廓作用，其成型全靠人工彩繪，採用不套色製作。因此，經過不同藝人的手筆，呈現出不同的風格，同一個藝人繪製不同的畫幅也會產生不同的趣味。彩繪過程，藝人們稱其一黑（指黑線版）二白（指人物手臉底色及靴底作白）三金黃（指衣冠及道具的橙黃色），五顏六色穿衣裳（指洋紅、桃紅、黃丹、佛青、品藍、品綠等）。此外，還輔以"明展明掛"手法，借助同類色的深淺變化，增強畫面的節奏感和裝飾情趣。

3. 色彩鮮豔明快

綿竹年畫在色彩上採用對比手法，設色單純、豔麗，強烈明快，構成紅火、熱烈的藝術效果。

綿竹年畫藝人盡可能無拘無束地使用豔麗的顏色：桃紅、佛青、猩紅、草綠、金黃……大紅大綠，具有強烈的視覺刺激效果，充滿生機和活力。但是在強烈的對比中，也講究適意與和諧。他們常常用少量的複色如"二門子灰"或金、銀、黑、白等線穿插在對比強烈的色彩中間，以協調畫面色調。

藝人們把他們多年的實踐總結成了一句蘊含著深刻美學原理的配色口訣："深配淺、釅（指濃）配淡，深淺釅淡要相間。"綿竹年畫的顏色多用礦物質色和民用染料，根據季節不同，製作時調以不同成分的膠礬，使作品顏色爽朗、耐曬耐淋、經久不褪色。

另外，"填水腳"是綿竹木版年畫特色繪法，為綿竹年畫中的珍品，深為藝術界稱道。舊時年畫藝人一般受雇於人，在除夕之夜為老闆做完年終之活後，趁收拾畫案的片刻工夫，利用顏料碗的餘色，在剩紙上匆忙趕繪出幾對門神，趕往夜市出售，賺點外快幫補生計。在畫"填水腳"時，因時間短促，藝人憑真功夫一氣呵成，筆鋒奔放、雄健、天真、質樸、粗獷，神韻十足，別具洗練、概括之情趣。

綿竹年畫是世世代代民間畫師們勤勞和智慧的結晶，體現了巴蜀人民樂觀向上的思想感情和古老的民族風尚。魯迅先生說："越有地方性就越有世界性。"我們堅信具有濃郁地方特色和鄉土氣息的綿竹年畫定會以她獨特的美與歷史共存，與時代同步，定會"千載百花爛漫"。

七、信仰與民俗結合的雲南紙馬年畫

雲南紙馬年畫系雲南對木刻黑白版畫的特定稱謂，因為它只存在於民間，為區別其他書籍的插圖版畫、佛道經版畫等又被稱為民間版畫。通常，用於宗教信仰驅神除鬼的叫紙馬，用作年節稱年畫。

雲南紙馬、年畫的形成有中原帶入一說。

漢族何時有紙馬似不可考，但在宋代時紙馬已興盛，北宋孟元老的《東京夢華錄》："清明節，士庶闐塞諸門，紙馬鋪皆於當街用紙袞疊成樓閣之狀。"又有"印賣《尊勝目蓮經》""時節即印施佛像"等記載。

漢族自漢代開始從內地遷入雲南，明代初又一次掀起移民高潮，隨之帶來了中原地區的文化。漢族移民也帶來了中原地區的民俗禮儀，其中當然包括用紙馬來祭祖的儀式。雲南各地的漢族紙馬幾乎原封不動地繼承了具有傳統信仰內容的中原紙馬。

白族、彝族民間流傳的紙馬即是在這種歷史背景下產生的。他們在接受漢族紙馬的基礎上，結合本地原有的原始宗教觀念上的民族神、地方鬼神，諸如彝族的"土主"，白族的"本主""大黑天神""鄧賧詔""柏節夫人""小黃龍"等，最終創造出具有自己民族特色的紙馬。

如果我們把雲南紙馬中的具有代表性的部分與明代金陵版畫做比較的話，會發現：雲南紙馬仍然只印墨線，賦色則要人工完成，藝術形態還停留在木刻技法水準的階段，即還未發展到明代套版套色印製版畫的技法水準。

清朝政府繼續加強對雲南各民族地區的統治，促進了雲南各民族地區政治、經濟、文化的發展和國家的統一，也加速了雲南漢族與當地本土文化的交流融合，從而又進一步推動當地紙馬、年畫往自己特色化方向發展。

雲南紙馬與內地其他省份的紙馬存在的情況不盡相同，據有關紙馬的資料顯示，國內絕大多數地區的紙馬都已成了歷史。那麼雲南的為什麼在今天還如此興盛呢？大概這與雲南地勢偏遠，環境閉塞，長期以來發展緩慢，某些民族地區的歷史進程遠遠落後於國內多數地區有關。

　　雲南曾有"天高皇帝遠"舊說，偏僻的鄉村中更對"現代化"知之甚少；而最根本的原因，則在於還沒有某種新的意識形態以"神"的權威去取代舊的諸神眾鬼。即使在"破四舊"之後，民眾的基本生活方式及精神狀態也並未有根本的不同，而近來的許多鄉村地區又都恢復了傳統的風俗信仰。至今，雲南紙馬仍或明或暗地印刷出售，以供農村群眾及一些市鎮居民的宗教信仰所需。

　　雲南紙馬以漢族為主，少數民族除大理白族、楚雄彞族之外，都不用紙馬做信仰的媒介。雲南紙馬尤以滇中、滇西北、滇南甚為發達，據稱有 3600 種之多，但實際尚未知。而雲南各地印製紙馬都分別有自己的版樣，流傳範圍很少越過地、縣治地界。例如，"封門紙"僅在昆明近郊就至少有五種以上版式；再如"灶君"也為各地紙馬中必有，而版本又必然不同。

　　紙馬以陽刻線為主，粗線接近於面，木刻後水墨印製，產生出線條簡潔粗放，線面錯雜縱橫、虛實變化，而又協調統一、古拙樸實的藝術效果；在構圖上，千變萬化，打破了複製木刻千篇一律的程式。刻工憑著他們純真的感情，不循固有的技法，毫無顧忌地握著手中的刻刀，在自由的想像中把心中的意象挖出來。

　　在民間，紙馬被普遍認為能起到納福禳災、驅鬼逐疫、袪病祈安等作用，是一種兼具物質與非物質文化形象的民俗文化形態。在長期的發展過程中，它類似於宗教神系的似巫非巫、似儒非儒的神靈，通過繪印在土紙上，內容豐富且具有很深厚的文化底蘊。總體來說，雲南紙馬有三大類：避害、求財、求福。

　　一是避害。這一類主題顯示著雲南民間老百姓對理想生存、生活環境的要求，人們渴求和平、親睦、順利、健康，憎恨戰爭、疾疫、災荒、獸害。顯示這種功利傾向的主題在雲南紙馬藝術中非常常見。根據雲南紙馬的地域特色，避害主題具體可分為儒釋道、神靈鬼魂和生產生活三個部分，有"提筆先師""觀音""地藏王""藥王菩薩""盤龍祖師""韋馱天將""古佛龍華勝會"

"青龍白虎""送魂使者""起魂紙馬""叫魂娘娘""血神之神""哭神""解冤結""小人子""農牧狩神""圈神""糞神""張魯二班""三木天王""橋路二神"等。

二是趨利。以追求日常生產、生活基本需要的功利傾向為主，主要有"天官賜福""招財童子""招寶財神""增福財神""五路財神""加官進爵""五福大神""招財童子""招財進寶""家財萬貫"等。

三是求福。求生是對生命的渴求，常和祈望子孫滿堂、延年益壽聯繫在一起，求生主題可以具體劃分為婚嫁、生養、延壽三個部分，主要有"喜神""紅鸞天喜""和合如意""吉日安辰""周公先生""桃花夫人""床公床母""安床大吉昌""子孫娘娘""送生娘娘""九胎聖母""本命延年壽星君""壽星""彭祖""西王母""麻姑獻壽"等。

在此簡要提一下，與漢族既有淵源又有聯繫的當屬白族民間"甲馬紙"了。"甲馬紙"，亦稱"甲馬""紙馬"，是一種木刻紙畫，是白族原始巫術禮儀尚遺民間的一種木刻作品。白族甲馬紙始於白族古代社會，當時中原漢族地區有一種"甲馬"，即"俗於紙上畫神佛像，塗以紅黃彩色而祭之，畢即焚化。"白族先民很快引進了漢族的"甲馬"，用這一形式來表現自己的傳統文化、民族意識。發展到今天，演變成了地地道道的"白族甲馬紙"。無論是在製作和內容上都與中原漢族地區的"甲馬"有了嚴格的區別，是源於斯而不同於斯。

我國對紙馬的收藏和研究遲至現代才開始，最早做紙馬收藏研究的是民國時期的魯迅先生。據目前所知，有臺灣的收藏者，但收藏品為數不多。但日本、美國、歐洲的私人和博物館收藏的時間早，藏品較多，日本是收集和研究雲南紙馬的主要國家。

總的來說，從明代開始傳入雲南的中原紙馬還仍普遍在雲南漢族、彝族、白族、傣族、傈僳族、納西族、藏族等民族民間使用，且在數百年的漢化過程裡各少數民族民間賦予了它更為豐富的民族文化元素，形成了獨具一格的雲南紙馬文化現象。

八、"農民藝術"——河北武強年畫

　　色又鮮，紙又白，年畫打從武強來。
　　五穀豐登萬民樂，不敲鑼鼓也唱起來。
　　這是一首出名的童謠，淺顯地表達出了武強年畫的重要特點。武強年畫產自有"民間年畫之鄉"之稱的衡水市武強縣，流行於北方，是在農耕社會產生的一種藝術。因此，武強年畫具有濃郁的鄉土氣息和地方特色，其豐富的內容是中國民間社會生活的百科全書。
　　在《深州風土記》上有這樣一段文字記載："武強地瘠人貧，物力稍絀，民往往畫古今人物，刻版雜印五色紙，入市鬻售，悅婦孺。"武強縣位於河北省東南部，曾是黃河故道的區域，地勢低窪，春旱秋澇，縣城三遷皆毀於水患。過去，這裡遍生蘆葦，人們依靠蘆葦、麥秸來造紙，從石榴花、槐米和靛藍草中分別提取紅、黃、藍三原色做成天然顏料，將土生土長的杜梨木用來做雕刻木版。就這樣，色彩斑斕的"五色紙"也就是木版年畫在農民藝人的手指中誕生了。
　　武強年畫因為是土生土長的一種民間藝術，所以總被官方視為"粗俗"之品而被排除在藝術殿堂之外，又因用廉價紙張，不宜多年使用或收藏，造成武強年畫很難找到準確的歷史起源。但從資料考證及文化考古，它當始於宋元時代，如此算來，迄今已有五六百年的歷史了。
　　明初，武強年畫是民間畫家親筆作畫，逐漸發展成刻版印刷，以至全部套版印刷。當時在人煙稠密的武強南關，幾乎"家家點染，戶戶丹青"，形成了我國北方最大的木版年畫產地之一。
　　到了清康熙、嘉慶年間（1662~1820），武強年畫業進入興盛時期，從業人員約 500 人，店鋪達 144 家，最高年出產畫品達一億多張，約占當時全國年畫銷量的三分之一。當時民謠云："都說天津人馬厘，不如武強一南關；一天唱了千台戲，找不到戲臺在哪裡！"據記載，晚清時，縣周圍 42 個村莊皆設有畫業作坊，營業最好的年份，年度用紙高達 3000 多件，計一億對開印張，行銷大半個中國。

武強年畫在年畫史上是個奇跡。日寇侵華之時，燒殺搶掠，許多年畫遭受了滅頂之災，許多珍貴的畫版毀於一炬，眾多畫業作坊相繼倒閉。然而，作為冀中革命老區的武強，當時在共產黨的領導下，迎來了國內其他年畫產地不曾有的一次歷史機遇，有四十餘家畫坊開門經營，揭開了年畫美術史上的又一次新創舉。

新中國成立後，武強將 40 家畫業作坊合併為武強畫廠。1954 年，全縣有 9 個鄉、17 個村恢復了年畫的生產，註冊的有 35 家，出版 109 個品種。改革開放的春風彈去了武強年畫的歷史蒙塵，使之放射出更加奪目的光彩。1985 年時建成了中國第一家年畫博物館。2006 年，武強年畫被批准加入第一批國家級非物質文化遺產。

近年，先後有美國、奧地利、德國、日本、澳大利亞等國的專家、學者專程到武強縣進行考察和學術交流。有的徵集資料，翻譯出版；有的以此為題，撰寫漢學博士論文。現在，武強年畫不僅暢銷全國 28 個省、市，還走向世界，遠銷日本、美國、法國和東南亞各國。倫敦大不列顛博物館、德國柏林博物館、日本大和博物館都珍藏著大批的武強年畫。

早期武強年畫以門神畫為主，有"十分年畫七分神"之說。隨著農家百姓欣賞水準的提高和實用功能的拓展，同時為適應各地人們不同的風俗習慣、房間佈局，武強年畫分門別類、"量體裁衣"，創造出門畫、中堂、對聯、條屏、貢箋、窗畫、灶畫、月光、炕圍、桌圍、雲子、開條、斗方、燈方、扇面、繡樣兒、冊頁、西洋鏡、博戲圖等共計 30 餘種，有講究地張貼或應用於不同位置，滿足了廣大人民美化生活環境、寄託民俗願望的多種需求。

武強年畫取材應有盡有，有農事耕織、社會百態、娃娃美女、仙佛圖像、人生禮儀、節俗活動、吉慶花鳥、歷史典故、童話寓言、海外奇聞、城市風光、山水名勝、戲曲小說、新聞時事、棋紙頁子、象形文字，等等。概括起來有以下幾類：

一是門神類。此類包括天神、地神、人神、鬼神，儒、釋、道三教等民間諸神，大凡民間信奉，武強年畫者應有盡有，結成一個群體，各得其位，共用人間香火。因為大小開張不同，神位多少不等，又有"大全神""小全神"之稱。舊時的武強年畫主要為六

武強門神類年畫

神（天、地、灶、倉、財神及弼馬溫）圖像，為敬神活動所用，以祈求來年幸福康泰；祝福祈祥圖，如《吉慶有餘》《劉海戲金蟾》等；鎮妖辟邪圖，如《鍾馗》等。

二是戲劇故事類。如《水滸》《打漁殺家》《趙州橋》《三年早知道》《白蛇傳》《八仙圖》等。

三是農耕類。這類作品教人勤勞善良，修養品德。如《女十忙》《男十忙》《漁樂圖》《二十四節氣農事圖》等，表現了男耕女織、捕魚打獵的農耕社會民俗。

四是世俗風情類。如《新婚大喜》《闔家歡樂祝壽圖》《福壽童子》《二十四孝圖說》等。

五是時事類。武強年畫將"所見所聞"及時反映到其內容當中，有反抗外來侵略的，如《大戰青島》。

六是諷刺類。如《愛錢鑽錢眼》《扶上杆兒掇梯子》等。

七是其他類。如虎、猴演雜技等。

產生于燕趙大地的武強年畫，出自北方農民藝人之手，帶有燕趙人民粗獷豪放的風格特徵，具有濃郁的鄉土氣息，形成了獨特的藝術風格。

武強年畫以紅、黃、藍三原色和黑白為基調，色彩鮮豔、對比強烈。神品通常為紅、黃、藍三套色，戲出花卉類則增加一個品紅。把不同基色按不同比例兌在一起，可印出紅、粉、黃、藍、綠、桔、紫七種顏色，具有豐富的色彩效果。

武強年畫版面鋪滿紙張，儘量不留空間。藝人們總是儘量把畫稿畫得圓圓滿滿，幾無空閒，在無法補起的空間上，也添加一些與主題相關、象徵吉祥、

發財之類的圖案。或者在大片空白處加刻獨立的"墊版符號"。這種版面有助于造成一種充實感，一種熱鬧氣氛，也表達出人們希望生活圓圓滿滿的美好願望。年畫沒作者而只有商號，具有特色。

　　武強年畫在繪稿上用線簡練，線刻大刀闊斧，粗獷奔放，挺拔疏落，高度概括，以陽刻為主，兼施陰刻，運用黑白對比的手法，發揮刀味木趣的效果，呈現出古樸稚拙的藝術風格。也有一些作品陰陽結合、剛柔並濟，以粗獷有力的線條區分大的輪廓結構，以委婉頓挫的線條勾勒細部裝飾，通篇看去整體感強，既大氣磅礴又精緻細膩。

　　武強年畫在人物造型上大都是五短身材，誇張的頭部，重點表現眼睛，目語心聲。注重表現不同人物的品格和氣質，講究"武將要威風煞氣，文官要舒展大氣，美女要窈窕秀氣，童子要活潑稚氣"。藝人筆下的動物其頭部更是用了大膽誇張的刻繪，有"十斤獅子九斤頭"之說。

　　武強年畫畫中有戲、耐人尋味，注重故事情節，融知識性、娛樂性、觀賞性為一體，內容豐富，文化積澱深厚，含蓄幽默，生動有趣。武強年畫常以諧音、喻義、象徵等藝術手法裝飾畫面，即選定世俗認同的吉祥物為代表，表現人民大眾祈福求祥的美好願望。如喜鵲、梅花寓意"喜上眉梢"，蓮花、鯉魚寓意"連年有餘"，牡丹、花瓶寓意"平安富貴"等。

第八編　年畫繪製工藝與張貼

　　看著漂亮的年畫，讀者朋友是否想過這些年畫是怎麼製造出的呢？傳統的年畫用到哪些材料和工具呢？繪製漂亮的圖案是不是有技巧呢……過年就是圖個吉利，可別把年畫貼得不適當了，否則你會為自己不能給自家討份福氣而懊惱。將本書的最後幾頁讀完，一切疑問和顧慮都會煙消雲散。

一、繪製傳統年畫的材料與工具

不同地方的年畫藝人，使用的工具材料也會不盡相同，使用的方式和習慣也有差異。

1. 年畫用筆

鉛筆、木炭條

鉛筆、木炭條主要用於年畫的素描稿。鉛筆一般分軟、中、硬三類，筆桿上用 H 或 B 分別標出筆的軟、硬程度，HB 為中性，在 H 或 B 字母前加有阿拉伯數字，數字越大表示硬或軟的程度亦大。最軟的鉛筆為 9B，最硬的鉛筆為 10H。木炭條是用品質較好的柳枝條燒製成的，用它畫素描稿便於修改。

毛筆

毛筆多用於手繪年畫，它分為羊毫、狼毫、兼毫三類：狼毫筆吸水性小，筆鋒硬挺，多用於勾勒線條；羊毫筆吸水性強，筆鋒柔軟，多用於渲染大面積的色彩；兼毫筆既有一定的吸水性又有彈性。

硬毫筆

硬毫筆主要用於勾線（墨線或色線），有衣紋筆、蘭竹筆、七紫三羊等。

擺子（俗稱水筆）

擺子是平頭的扁筆，楊柳青木版年畫彩繪渲染的主要工具，有大小、寬窄之分。這種工具市場上沒有銷售，需要工匠自己製作。使用時一邊蘸水，一邊蘸色，均勻地產生色階變化。

排筆

排筆是用於年畫中刷染天空、地面等大面積空間的工具。

2. 版型工具

木板：用於印刷木版年畫的木版，板材選用要求較高，需要木質纖維幼密，堅固而不脆硬，適於精雕細鏤而紋理清晰，經久不易破裂，板面光潔、脫膠、吸水不易變形，摩擦不易破損，不易蟲蛀腐爛等特點。常採用的有梨木、水曲柳、白桃木、銀杏、樺木、椴木等。

年畫雕版工具

雕版工具：木版是印刷木版年畫最重要的工具。一張木版年畫的藝術效果，除了印刷技術和色彩配置以外，最關鍵的還是木版的印刷效果，而木版的印刷效果又取決於木板選材、畫師創作畫稿的藝術水準、雕工的技術處理等一系列的因素。

選好木版的標準是什麼呢？應具有以下三方面的優點：木板選材優良；畫稿創作形象完美，配置得當，構圖完整，主題突出；畫版雕刻工藝精湛，具有線條流暢，細緻入微，凹凸分明等優點。

3. 紙張

印製木版年畫用的紙張要求具有紙身光潔度高、紙質緊密、厚薄均勻、韌性強、吸水變形小、著色鮮豔等特點，應以樹皮、竹枝、棉花等原料混合製造的土紙為佳。年畫用紙最常用的便是宣紙，宣紙又分生宣和熟宣兩類，生宣較多用於木版年畫，定稿或拓印；熟宣多用於手繪工筆年畫。拷貝紙在年畫中是用來將畫稿翻轉到正式木刻板上或正式稿上的。還有白綿紙、連史紙、綿連紙、粉簾紙、土紙等。

4. 刀刃具

用於木刻年畫的刻制工具，與木刻版畫的刀具大致相同。木版年畫畫面普遍內容豐富，構圖飽滿，線條繁多，裝飾複雜，而且木版材質必須堅固，所以雕刻使用的刀具不但要求鋒利，還需要多種類型和規格。刃具是指用來裁紙的刀，亦需特別鋒利。常用的刀有三角刀、圓口刀、平口刀、大圓鑿、排刀等。

平口刀：平口刀刀鋒平直，鋒刃成"一"平直線，主要用於開面、鏟底、修線、削斜等。

斜口刀：斜口刀刀身向前成銳角斜出，鋒刃呈斜直線突出鋒尖，主要用於開線、切面、刻尖、削角、修線等。

三角刀：三角刀刀身相對反起，刀刃呈"V"角形，刃口和角尖都保持鋒利，主要用於開線、挑溝、修線等。

圓口刀：圓口刀刀身呈半圓狀，刀刃呈"U"圓弧形，主要用於開坑、擴面、鏟底等。

拳刀：拳刀屬斜口刀類型，但它的刀刃線不成直線，而是按雕刻需要隨時磨成各樣的弧線形，有些鋒刃的一端還特意磨出鉤、尖角等形，以控制雕刻時的定位、角度和深度。

鏟子：用鋼材打造的單面工具，主要用於鏟平造型的版面。

鑽子：用於修整細膩的造型線條等。

界紙刀和切紙刀：這是用來開紙和切紙（飛邊）用的刀具。

除以上幾種必備的刀刃具外，還須配備鑿、針、鋸齒刀等一些輔助用的刀刃鑽具。每種形狀的刀刃具又須具備大、中、小等多種不同規格，以適應工作時不同情況使用。各種刀刃具一般都安裝牢固的木手柄以便手握操作。同時也需各有砂輪、銼刀、磨刀石、木槌、鐵錘、釘、砂布等輔助工具，以便隨時修正刀刃和幫助雕刻。

5. 顏料

傳統年畫往往採用自製的顏料，具有顏色純正，成本也低，並且經久不易褪色的特點。楊柳青年畫使用自製色，佛山年畫也是如此。

礦物質燃料如石青、石綠、章丹、銀朱等，也是只買燃料而自行培制。一般植物性燃料如憤黃、木紅等都自己製作，以求經濟適用。先簡單介紹以下幾種顏色製作：

憤子黃：六月麥收前後，取樹上未全開放的憤花，曬乾用水煮，撇出黃水入礬，蛤粉攪勻待用；餘下殘渣加水和石灰溫火炒乾、去雜質則製成深黃色，以用於套版用色。

紅色：行內稱"花紅"。是一種采自雲南、四川等地稱為"花紅粉"的原料，用本地產的黃丹、蘇木、梅精、明礬、桃膠、酒精等輔助材料調配製成。

木紅（深紅色）：用蘇木莖幹去皮加水煮，加白礬後傾出其紅汁可做鮮紅胭脂用。餘下殘渣可做套版印刷用的洚紅色。

墨黑：即農村燒柴爐鍋下的黑煙子（亦稱百草霜），加膠或濃米湯調勻即可。印刷年畫墨線坯子時，可摻用一些澱粉糊以免洇紙或掉色。

錠藍（亦稱錠青）：將葉和莖放在缸內加水，晚間加蓋，白天經太陽發酵。待葉爛後將莖葉撈出，用木棍攪藍水，將石灰乳隨攪拌放進缸內。待顏色由灰褐色變成藍色時，將上浮黃水傾出，下沉者即錠青。

章丹：用時將雞蛋清打均和入，顏色分明而不掉顏色。

銀朱：行內稱"丹"。用銀朱加水撇去浮漂後曬乾研細，加膠熬成糊狀與銀朱調和，然後捏成條狀曬乾。用時在硯上磨，點人物朱唇，鮮明奪目。

今天，畫師們製作年畫所用的工具是經過了不知道多少代技師選擇的結果，和年畫藝術一樣，它們及其使用方法是人類的寶貴財富。

6. 其他工具

炭精粉：用於擦筆年畫，主要用它處理擦筆年畫中的明暗轉折及虛實關係。

磨拓工具：用於木版年畫的製作，其作用是將畫稿翻印在木刻板上。主要有打刷，是拓印中上紙所用工具之一；大、小長柄砸刷，是拓印中用來拓印細部紋飾；還有拓包是上墨的工具。

色碗：盛顏料的用具。

畫門：亦稱門子，是把礬膠水刷貼在印刷好的墨坯上，以便於進行彩繪工序的專用工具。

水碟：在清水中置放棉花（或脫脂棉），用於擺子蘸水時掌握水分。

墨滾：是木版年畫拓印、套色不可缺少的工具，它是用橡膠製成的，一般手推油印機的黑滾可以替代。

二、創作傳統年畫的技巧

年畫從形式到內容都有著濃郁的鄉土氣息，體現了中華民族億萬人民的民族感情和審美觀點，反映著勞動人民的美好心願。因此，創作一幅好年畫，就得如上面前人總結出的畫年畫口訣那樣，從線到面，從表到裡，既要讓年畫符合裝飾性，又要有品味。因此，畫年畫大致從以下幾個方面著手：

1. 線條

線條在年畫中相當於漢字的筆劃——橫豎撇捺，這是最基本的組成單位。因此，熟練畫線是創作年畫的基本技能，要求做到"畫"出的線粗細均勻、簡練、流暢。

民間年畫中的線條不同於一般繪畫中線條起筆落筆的勾勒效果和筆觸趣味，而是通過刀刻的過程使線融合成為一種有力的、具有版畫效果的線條，追求起筆落筆的勾勒效果。

新年畫中也有很多作品的線條講究韻味、古拙之感，其作品的感染力很強，這都是學習、繼承民間木版年畫寶貴經驗的結果。

要做到以上要求，並非一日之功，要長久的磨煉才能掌握。同時還需要根據不同的年畫內容，變換線條技法，使人能夠感到節律感。不同的物象畫在一張畫面裡面，要根據不同的物體質感運用不同的線條，如人物、動物、建築、草木、山石等用線的區別，反映了當時我國雕版木刻的水準和藝術家在用線上的才華。

另外，在民間傳統年畫中有很多全是單色墨線，這些作品中線的技巧就更為突出了，是值得後人學習的地方。如楊柳青的《福祿壽喜圖》《九九消寒圖》《孝行圖》等畫中用線的方法很多。《福祿壽喜圖》上人物的線是用字組成的，造成短促斷續之感；《九九消寒圖》是墨底白線，

《九九消寒圖》

畫中線刻得流暢柔軟並醇厚有味；《孝行圖》的用線輕快挺拔、清麗凌峭……即使把這些民間藝人的用線技巧同著名的繪畫大師用線相比也毫不遜色。如楊柳青的《天河配》、桃花塢的《開市大吉》及《西廂記》等作品的線也是各有其特色的。

現代人都是製作新年畫，在創作這些作品時，從內容出發創造性地運用線條，使新年畫的用線又有了很大的發展和提高。

2. 構圖

從很多優秀的作品中我們可以看出以下的共同點：

（1）有些作品中高度概括、集中地表現了作品中的人物，捨棄了大量與主題無關的自然景物。如《天官賜福》《四季平安》作品的背景幾乎全是白底。

（2）構圖飽滿，除了使用人物和景物產生構圖飽滿的效果外，還使用國畫中的題詞造成構圖飽滿的效果。如山東濰縣年畫《龍騰虎躍慶勝利》，用人和龍的飛舞把畫面充得不留一點空地，周圍還加上了圖案花邊，更造成構圖飽滿之勢。需要注意的是，在飽滿的畫面上如何留出適當的空白也十分重要。

（3）構圖均稱，年畫中多採用大佈局效果求得均稱，局部加以微妙變化。既要顧全整體安排上的裝飾美，又要注意局部的具體變化。如很多"門神"及"窗畫"多採用這種手法。天津楊柳青年畫《五穀豐登六畜興旺》的構圖格式就是這樣。

（4）畫中層次簡單，人物很少重疊，採用"平均構圖"法，畫中透視使用散點透視。如《珍珠塔》《男十忙》《莊稼忙》等作品就是採用這種構圖。《打拳賣藝蹬壇跑馬》《漁家樂》是把重點放在大家"忙"和"賣藝"上，主題和人物也都較突出。

（5）構圖安排得很妙，人多而不亂，主次分明。如楊柳青《莊稼忙》畫中景物多，人物複雜，但作者在一群忙碌的人群之後，畫上了一片平靜的湖水，把人物的頭部襯托出來，做到亂中有靜，給人以既熱烈又清爽之感。

從以上幾點可以看出，創作民間年畫，構圖要完整、均稱、簡練而飽滿。這就要求創造者通過觀察對生活進行藝術加工和高度的藝術概括，並通過簡練的構圖突出作品的主題。

3. 造型

民間年畫的造型裝飾性很強，因此繪製出簡潔、單純、優美的造型是年畫中非常重要的一個環節。除此之外，還要學會在事實的基礎上加以提煉，運用誇張、諧音等修辭，以求美和豐富的寓意並存。事實上，這一點在傳統的很多年畫作品中都有所體現。

在具體的人物造型上，民間藝人也總結了很多寶貴的經驗，如根據不同的人物、不同年齡，用不同的方法進行誇張。在眼睛的刻畫上，青年人使用和螞蚱外形相似的"螞蚱眼"。兒童使用"杏核眼"，眼稍圓一點，老人使用窄長一些的"鳳眼"。在臉型上男人女人的造型各有相同。男人誇張比較多，形象較英俊；女人誇張比較少，形象比較秀麗。藝人們總結了許多畫訣，下面只是其中的一部分，供創作時參考：

年畫得要好，頭大身子小。
門神畫，人頭大，騎小馬，人分仨。
獅子鼻，四方口，手拿兵器把門守。
杏仁眼，柳葉眉，櫻桃小嘴鼓堆堆。
先有瞎話（故事），後有門畫。
畫裡有戲，百看不膩。

  門神看門，眼大有神。
  一臉神氣兩眼靈。
  神在二目，情在面容。
  門神要有神，眼睛大一輪。
  門神要得好，頭大身子小。
  馬嘴升子形，牛嘴地包天。
  不要一個眼，十分八分才湊巧。

  拿"門神要得好，頭大身子小""不要一個眼，十分八分才湊巧"來說，即對人物誇張，頭部要求多作正面和側一點的"八分臉"處理，不要畫正側面（一個眼）。因此在有些年畫中人物的比例是"頭大身子小"。如《男十忙》等大部分年畫中人物多以"正臉"和"八分臉"出現。

  需要注意的是，造型手法要從物件出發，誇張得有分寸、有區別、有內容。

4. 色彩

  熟練運用以平塗為主的著色技巧，而不是注重調和的寫實色彩，以達到單純、明快、鮮豔、對比強烈的色彩效果。

  民間年畫中所使用的顏色只有大紅、黃、藍、綠、紫、黑等幾種主要色彩。聰明的年畫師傅們早已總結出了色訣，以供後人創作年畫時使用：

  紫占一，綠占二，黃三紅四不能顛。
  水要鮮，色要豔，顏色不得出黑線。
  看似卻不是，用色來顯示。
  顏色正，天要晴；顏色深，天要陰。
  ……

  這些口訣說明了顏色配合時的一些規律。另外，民間在顏色調和問題上也有很多辦法，如為了使大紅大綠等純色調和而用粗獷的黑線分割，並採用在黑線邊上加"灰套"（即在黑線的外輪廓套上一層灰色的線條），或在每塊顏色上點綴一些灰色的點及一些細小的圖案等辦法加以調和。總之民間年畫在用色方面經驗極豐富，變化也是微妙無窮的，值得我們深入的研究繼承。

5. 粉臉

粉臉原指婦女擦過粉的臉，在民間年畫中是處理人物肖像比較突出的技法之一。"粉臉"，即在人物臉的部位，先粉一張潔白的臉型，然後勾畫"眉眼"等五官，再敷彩、塗明油。所謂"一白遮十醜"，"白"即"美"，乃家常的慣語，用"白白淨淨"形容人長得既好看又精神，用"白白胖胖"形容人長得很有福相。總之，"白"這個字意在舊時人們的心目中近乎完美。畫中人物經過精心粉飾的一張臉，在諸多色彩中，分外奪目，如"出水芙蓉"一般，人見人愛，相視之下，有時還會產生錯覺，疑為畫中人物的臉兒在晃動，真是妙不可言（撲灰年畫，《穆桂英掛帥》，現藏高密市博物館）。

由於粉臉需加白較多，所以在畫面比較滿而色彩又比較花的情況下，能把臉表現得比較突出。

在一些人物較多、場面較大的畫面中，粉臉更是起了突出形象的關鍵作用。一般在人物多的畫面裡，人比較小，背景環境又比較花，畫中人物衣著服飾也描繪得比較細，色彩又多又豐富，如果人物的臉不處理成比較亮的粉臉，就沒有半點藝術效果了，也就"沒戲"了。

在民間年畫中這方面有很好的實例，如楊柳青的《天賜五福堂》《謝家詠絮》等人物眾多的畫面，都是這方面的佳作。

傳統年畫中粉臉也不是單一的。它根據畫面上色彩的相互關係，根據周圍的環境，而使臉色各不一樣。有的偏深，有的偏淺，有的偏紅，也有的偏綠……在這方面，民間年畫有著極豐富的經驗值得我們很好地學習和在實際創作過程中靈活地去運用。

三、製作傳統年畫的方法步驟

各地年畫不僅所使用的材料工具有差異，而且工序的細節上也各有特色。但是無論是中原的朱仙鎮年畫，還是南方的佛山年畫，還是江南的桃花塢年畫，就其創作過程來講無非都是構思、構圖、起稿（稿子）、繪製或刻版、拓印、著色、印刷、人工彩繪、裝裱等幾個步驟。

下面就以刻版套印為主，把幾個步驟粗略地介紹一下：

1. 立意

立意即要確定題材和表達的含義，畫什麼，怎麼畫，要先在腦子裡有個想法。

深入生活、在生活中發現題材對年畫的立意是很重要的。許多優秀民間年畫所表現的當時當地的風俗習慣及人們審美趣味，與作者對人民審美觀及當時當地風土人情的瞭解是分不開的。民間年畫的作者大部分是不脫離生產勞動的藝人和農民，對周圍的生活十分熟悉，因此，他們所描繪出的內容一般都具有生活氣息。

確定題材後，還要考慮要用什麼形式？是製成門畫、中堂畫或還是製成曆畫；用什麼樣的技法去表現？是黑白的或是套色的；同時還要考慮用線的剛柔，用色的配置或套色的效果……這些也都包括在立意之中。

總之，通過從內容到最後效果的考慮，作者在作畫之前就應做到"胸有成竹"了。

2. 起稿

在立意完成後就要進入稿子階段，在稿子中最先要解決的是構圖。在這個階段中，要注意根據構圖的基本規律，從畫面的內容出發，不同的內容運用不同的構圖。有些適合於門畫的內容就要採用"滿""實"的構圖或採用對稱的構圖。另外在構圖中還要注意人物和景物的關係，不能沒有取捨，要舍去與主題無關的自然景物。當作者根據畫面的內容定下構圖後，就要用炭條與鉛筆畫稿子了。

在畫素描稿的過程中要注意：第一，稿要畫得認真、仔細、完整。人物動作形象及人物之間的組合需要認真推敲，反復修改。背景的安排要以突出主題為主，力求簡練、概括。第二，有時為了畫面需要，應保存最初素描稿，另在一張薄紙或拷貝紙上勾墨線，這樣一來，如果墨線稿的形象不准，還可以以素描稿為依據來修改。第三，畫中每個細節要考慮周全，不能疏忽大意。人物、景物、周圍環境、道具要畫得"實"一點，不要畫"虛"，人物結構要准，線的走向要具體。

素描稿子畫完後一般要精稿，把畫中無用的線塗去，然後用墨線勾勒。

3. 貼版（落墨）

木版年畫還要在稿子完成後，把稿子轉到木板上去，即貼版。貼版有幾種辦法：

（1）用毛筆在較薄、質軟的畫紙上畫出詳細定稿，然後正面貼在已經塗滿糨糊的版面上，再將紙壓平，並用牙刷在紙背上打，用牙刷毛刺紙，把紙板緊密地粘在板面上，乾透後，用木賊草輕輕將紙的上層的膜擦去，或用食指蘸少許水將紙的上層膜搓去，只留很薄的一層紙膜，附在板面上，這時反面的畫稿便可清楚地看到。這方法一般用得較多。

（2）用薄的透明紙，以較硬的鉛筆或木炭，把原稿仔細地描下來，再通過複寫紙把它複製到木板上去。

（3）用較厚的拷貝紙覆蓋在稿子上，用尖細的木炭鉛筆描下來，然後翻轉貼到木板上去。固定四邊，以磨拓工具像印木刻那樣用力摩擦，炭鉛筆的黑印就清楚地磨在板子上了，如先在木板上用濕抹布輕輕地抹一遍，使板略濕，翻印的效果就會更好。

　　稿子上到板子上後，有時不太清楚，又因在刻制時手容易把鉛筆、炭筆稿子磨掉，所以必要時用線再勾繪一遍，使稿子清楚地固定在板子上。在勾繪墨線前對畫面仔細地進行檢查，爾後認真勾勒墨線。因膠大的墨汁覆蓋力比較強，勾墨線時必須用膠比較大的墨汁。

　　另外在墨汁乾後，要在板子上薄薄地塗一層淡藍或淡綠色的透明顏色，有的人用天藍墨水代替，目的是使下邊刻起來刀痕能清楚地露出來，以便檢查線的準確性。

4. 刻版

　　我國的雕版木刻歷史悠久，經驗極為豐富，民間木刻年畫多是陽刻（白底顯墨線），但是也有一些陰刻的木版年畫，只是極少。

　　在刻制時要注意從整體出發，細部入手。運刀如運筆，下刀之前深思熟慮，下刀後要刀鋒帶感情，一氣呵成。線條要從內容出發，有的可以刻得細膩、柔婉，有的要刻得粗豪、剛勁。在刻時還要注意幾個問題：

　　（1）用刀要穩勁兒。具體說來，刻版的時候，一隻手握住刀柄，另一隻抵住刀尖，保證刀不跑，這樣才能保證表達圖像的準確性。既要慎重地對待每一刀，又要大膽運刀。力求用刀準確生動地表現物件，使線不隨意、輕率；同時運刀不過分拘謹，力求行走修飾流暢。只有這樣才能運用線條表達出人物的思想感情。

　　（2）一般運刀不必刻得太深，太深了容易影響線的表現，然而一般以陽刻為主的木版年畫線刻，大塊空白刻得應略深一些，底子要鏟平。

　　（3）不要刻得太足，要留有餘地，刻過頭了的線就無法補救了"削改則線條滯弱，神斷氣阻"，如同繪畫到一定程度，要停筆看看。

　　刻版是再創作過程，有些用筆劃表現不出來的地方，要通過刀子刻出來。所以，刻版不是在原作上照貓畫虎，而是用木刻的手段再現一種風格。表達得好,才是成功的版。

5. 修版

刻版線條刻好了,接下來要認真地檢查修改。檢查的辦法是在刻完的版面上滾一層墨色,這樣黑白兩色分明,線就清楚地顯露出來了。對著鏡子看看,和印出來的基本一樣,有不正確的地方,或刀法不流暢,線條過粗或過細的地方要用刀子尖加以修改,直到改正確為止。

修版要注意的問題就是手勁得穩,否則當線條幾乎都刻好了,稍一不注意,就會毀版。萬一發生毀版的情況,需要補版,即在壞的地方挖一個窟窿,把木楔子帶著膠嵌進去,弄平。再把畫畫上去,重新刻。

6. 洗版

洗版是必要的環節。上面的糨糊、墨線、木頭渣子、紙胎,還有菜油,都要清洗乾淨。這樣,印起來才好印,出來的畫也才準確、好看。

7. 拓印(著色)

如果是單色墨線的年畫,蘸上墨水後就可以直接拓印。在拓印時要注意滾筒滾墨要少而勻,不要太多。

在傳統年畫中多是套色木版年畫,或半印半繪。其工藝是套二、三版之後、把大面積的色塊套印完,小面積、細部就由人工敷色。套色年畫是以墨線版為主版,色版為副版。由於年畫的色彩多是單色平塗,色彩簡單,且一共只有幾種顏色,因此套色年畫只要比單色年畫多刻幾塊副版就可以了。

在套印顏色時,要注意先印淺色後印深色,顏色要求印得薄而均勻,這樣一色一色地拓印到最後完成。刷印色彩的次序是:先印墨線、次黃色,再藍色（藍、黃二色套印呈絕色）、紫、橙、大紅，有的最後套印金粉。這樣印製年畫的方法在全國各地作坊中占大多數，只有天津楊柳青作坊印完套色版後，還要由當地畫工開相（即將人物的頭臉用七八道手工敷粉填紅，勾眉畫眼）和補空（沒套印的衣飾等物），才算完成。

木版年畫拓印方法很多，尤其是民間藝人的經驗就更為豐富，方法也多種多樣，這裡只是說的一般常識。

在民間年畫中除了木版套印形式外還有石印等，這些形式的發展及應用同當時的印刷條件是分不開的。現代印刷技術發達，很少能夠見到木板、石板印刷的年畫了。可以把畫師們總結的"印訣"記下來，以便指導印刷：

　　要想色不漿，膠水要適當。
　　大寒冷，中暑熱，春秋兩季印正得。
　　冬稠稠，夏流流。
　　印黑要印顯，顏色不出邊。
　　銅綠須得乾，紫色不相躦。
　　先印各色，再把金添（撒金）。
　　印畫不用慌，心手一齊性。
　　晾畫不能急，八成即可以。

至於裝裱等是近十年來為提高年畫的裝飾性、商品價值屬性而產生的新興工藝。它和國畫、剪紙的裝裱基本相同，在此不多介紹。

四、貼、掛好年畫，過吉祥年

蘭荷菊梅開滿牆，滿屋似聞花芬芳。
引來燕雀簷前鬧，直沖屋裡抖翅膀。

這首詠《掛年畫》詩描繪了春節將至，千家萬戶喜掛年畫的新氣象。

過春節時人們貼一些年畫，一為增加情趣，二為圖個吉利。可貼年畫在民間是有講究的，絕不能隨便亂貼。一是不同的位置，貼、掛不同題材的年畫；二是貼年畫時，位置要合適。否則會鬧笑話。

古時候，有個財主過年時貼年畫，讓他的兒子給看著，別貼歪了。他對兒子說："如果左邊低，你就說高升，高升；如果右邊低，你就說發財，發財，記住了嗎？""記住了。"

這個人貼好年畫，站在凳子上問兒子：怎麼樣？兒子瞅了一下，回答道："爹，既不高升，也不發財。"

這個笑話有多個版本，其中一個版本是父女掛中堂。女兒回答的話和上面財神的兒子回答是雷同的："爸，不發財，也不健康。"

在談笑之餘，也告訴我們貼年畫是非常講究歪斜高低的，因為這都是不吉利的表現，這表現了人們過年時注重避忌、討彩頭的心理。

年畫寄託了人們對農事豐收、風調雨順、家宅安泰、人馬平安等祈福、驅災避邪的願望。因此，過年貼門畫和對聯是一項非常重要的工作。

首先要準備糨糊，可以購買，也可以自製。純糨糊是優質麵粉做的，現代出售的糨糊大多都摻了膠，效果不是太好。自製的糨糊在對聯篇已經講到，在此不再重複。值得一提的是，還有人發揮主觀能動性，用牙膏貼門畫，其方法如下：先在需要貼的年畫的一角塗抹少許牙膏，然後在牆面上也塗上一些牙膏。塗好後貼合，另一角也照這樣塗上牙膏，然後一貼就好了。當下次需要更換年畫的時候，只需要用乾淨的濕抹布稍稍擦擦，牆面就恢復原貌了。

門畫包括門神和門童兩種，門神是貼在院門的兩扇門上的，根據門神的種類，又細分為貼在大門、二門、後門或閨房門上的。

一般在大門上貼武門神，如秦瓊與敬德、關羽與張飛等，也有貼神虎、金雞圖鎮宅，有影壁的要在影壁沖街門的一面貼鍾馗，也有貼方"福"字的。堂屋的門上則貼文門神，如《福壽雙全》《四季平安》《聚寶盆》《財神還家》《加冠進祿》《五子登科》等文官門神畫。內室的門上不能貼門神，而應貼門童。內室的牆上可以貼宮尖、三才，窗戶兩旁貼一種細長條的畫叫"窗旁畫"，窗旁畫多為美人、半瓶。過去北方人睡覺睡在自己房的炕上，因而，炕上要貼炕圍畫。室內，老人的屋門上要貼壽星圖；兒童的門上要貼《劉海戲蟾》《連中三元》等兒童題材畫，也有的地方在兒童門上貼趙雲在長阪坡單騎救主的畫，希冀保護兒童。床頭可以貼一些戲曲題材的小畫，《麒麟送子》《和合二仙》之類的婚姻門畫既不貼在大門、二門上，也不貼在上房屋裡，而是貼在已婚女子房門上或新婚娘子的洞房內，意在祥瑞降臨，聖賢誕生。

每逢春節，家家戶戶都要在房屋的許多地方貼上福字，表示"福氣已到"，這是我國民間由來已久的風俗。有關福字為什麼倒貼，民間還有一則傳說來解釋呢。

當年，朱元璋曾經用"福"字做記號準備殺人。好心的馬皇后為了解救這些人，就下令全城在天亮之前在門上貼上福字，於是家家遵照指令，在門上都貼了"福"字。其中有一戶人家，由於不識字，不小心竟然把"福"字貼倒了。

第二天一大早，朱元璋就派人上街查看記號，卻吃驚地發現家家都貼了"福"字，其中有一家把"福"字給貼倒了，豈不是不恭嗎？皇帝得知後，龍顏大怒："立即下令把那家滿門抄斬！"

馬皇后一看事情不妙，連忙出來解圍，對朱元璋說："那家人知道您今日來訪，故意把福字貼倒了，這不就是'福到了'的意思嗎？"

朱元璋一聽，連連點頭，認為果然有道理，便收回成命，下令放人，一場死到臨頭的大禍終於消除了。

從此以後，為了求吉利和紀念馬皇后，人們就將福字倒貼起來，久而久之，就成了習慣。

　　還有，燈畫則是糊在燈上的年畫。沒有自來水的時代，家家有水缸，壓水井、水缸上要貼缸魚，取"連年有餘"之意。平原地帶，因靠吃地下水，家家都有汲水的壓水井，上面貼上字畫"細水長流"。從前農村炕頭有兩個小壁龕，放一些針線油燈之物，這兩個小壁龕上要貼一種正方形的拂塵紙，遮住龕口。窗框兩邊要貼長條的花瓶畫，上下要貼長條的戲曲畫。

　　此外，神像有灶王神、天地神、倉房財神，甚至有貼在牛棚馬圈上的車馬神。

　　過年，人們除了貼門畫、春聯、剪窗花外，還喜愛在客廳裡、臥室中掛貼年畫。堂屋的中間要掛中堂畫，畫兩旁還要配上一副內容和畫相呼應的對聯；"月光"貼於窗旁，斗方則貼在箱櫃或升、門上，各有規矩。

　　年畫是一種古老的民間藝術，它反映了大眾的風俗和信仰，寄託著人民對未來的希望。這些歡快喜慶、內容吉祥、色彩絢麗的年畫把人們的居住環境裝扮得紅紅火火，呈現了中國傳統年文化的獨特風采。

國家圖書館出版品預行編目（CIP）資料

中華文化叢書：對聯年畫 / 沈鳳霞, 符德民 編著. -- 第一版.
-- 臺北市：崧博出版：崧燁文化發行, 2019.05
　　面；　公分
POD版

ISBN 978-957-735-876-9(平裝)

1.對聯 2.年畫 3.中國文化

541.26208　　　　　　　　　　　　108006980

書　　　名：中華文化叢書：對聯年畫
作　　　者：沈鳳霞, 符德民 編著
發 行 人：黃振庭
出 版 者：崧博出版事業有限公司
發 行 者：崧燁文化事業有限公司
E-mail：sonbookservice@gmail.com
粉絲頁：　　　　　網　址：
地　　　址：台北市中正區重慶南路一段六十一號八樓 815 室
8F.-815, No.61, Sec. 1, Chongqing S. Rd., Zhongzheng Dist., Taipei City 100, Taiwan (R.O.C.)
電　　　話：(02)2370-3310　傳　真：(02) 2370-3210
總 經 銷：紅螞蟻圖書有限公司
地　　　址：台北市內湖區舊宗路二段 121 巷 19 號
電　　　話：02-2795-3656　傳真：02-2795-4100　　網址：
印　　　刷：京峯彩色印刷有限公司（京峰數位）

本書版權為西南師範大學出版社所有授權崧博出版事業股份有限公司獨家發行電子書及繁體書繁體字版。若有其他相關權利及授權需求請與本公司聯繫。

定　　　價：360 元
發行日期：2019 年 05 月第一版
◎ 本書以 POD 印製發行